Klaus Bachmann

DIE GEISTERFAHRER

POLEN UND ACHT JAHRE PiS

edition.fotoTAPETA____*Flugschrift*

INHALT

EIN ABSTURZ

Diese Geschichte beginnt am Morgen eines regnerischen, kalten Frühlingstags, einem jener Tage, an dem man sich beim Blick aus dem Fenster am liebsten gleich wieder im Bett verkriechen würde und, wenn man es nicht tut, ständig von Wollsocken, heißem Tee und warmem Kaminfeuer träumt.

An diesem Morgen traf sich am Warschauer Militärflugplatz eine illustre Gesellschaft: Da war der Staatspräsident, Lech Kaczyński, Gründer der Partei „Recht und Gerechtigkeit“ (*Prawo i Sprawiedliwość*, abgek. PiS), der fünf Jahre zuvor als Warschauer Stadtpräsident die Präsidentschaftswahlen gewonnen hatte. Nicht dabei war sein Gegner von damals, Donald Tusk, ein Danziger Liberaler kaschubischer Herkunft, der seit den Parlamentswahlen von 2007 Regierungschef war und damit nach der polnischen Verfassung deutlich mehr Macht hatte als Kaczyński. In dem kargen, mit betagten Möbeln zugestellten Abfertigungsgebäude warteten auch noch die Generäle Franciszek Gągor, Generalstabschef der polnischen Armee, und die Kommandeure von Heer und Luftwaffe und der Seestreitkräfte, Tadeusz Buk, Andrzej Błasik und Andrzej Karweta, der linke stellvertretende Parlamentspräsident Jerzy Szmajdziński, Jerzy Kochanowski, der Bürgerrechtsombudsmann und zahlreiche Vertreter verschiedener Ministerien, des Amtes des Präsidenten, von Nichtregierungsorganisationen. Sie alle waren Teil einer Delegation, die zum 70. Jahrestag eines Massakers, das der sowjetischen Geheimdienst 1940 in der Nähe von Smolensk an polnischen Offizieren, Priestern und Beamten angerichtet hatte, nach Katyn fliegen wollte, um dort der Opfer von damals zu gedenken. Ministerpräsident Donald Tusk war ebensowenig dabei wie seine Minister. Die Reisegesellschaft, die Präsident Kaczyński da am Warschauer Militärflughafen zusammengestellt hatte, fuhr gewissermaßen gegen den Willen der Regierung nach Katyn. Das regierungsamtliche Gedenken hatte drei Tage zuvor in Moskau stattgefunden, aber dazu hatte die russische Regierung nur Tusk, nicht aber Kaczyński eingeladen. Das alles fand Jahre vor der Annexion der Krim statt, aber nur wenige Jahre nach dem russischen Einmarsch in Georgien. Als Kaczyński damals von dem russischen Vormarsch erfahren hatte, war er ohne Rückversicherung in Moskau nach Tiflis geflogen und während der Kämpfe dort gelandet, um dem georgischen Präsidenten Micheil Saakaschwili zur Seite zu stehen. Viel ausrichten konnte er nicht; es war der französische Präsident Nicolas Sarkozy, der den russischen Vormarsch zum Stillstand brachte und zwischen Saakaschwili und Putin vermittelte. Aber in Polen machte die Aktion Kaczyński zum Helden weit über die Schar seiner Anhänger hinaus. In Moskau dagegen galt Kaczyński fortan als anti-russisch und als Freund Georgiens.

Die Maschine vom Typ Tupolew 154 näherte sich dem Flugfeld von Smolensk, als deutlich wurde, dass eine Landung extrem schwierig werden würde. Das Flugfeld, ein ehemaliger Militärflughafen, der über kein modernes Landeleitsystem verfügte, war schon seit Jahren nicht mehr in Betrieb gewesen und nur für die Tupolew überhaupt geöffnet worden. Jetzt lag die Landebahn, die von dichtem Wald umgeben war, bis zum Boden in tiefem Nebel. Auf Sicht zu landen, war damit praktisch unmöglich – man musste blind landen. Eine kleinere Maschine, eine Jak-40, hatte das kurz zuvor geschafft. Wie die Aufzeichnungen der Tupolew-Blackbox danach enthüllten, hatten die Piloten nach Minsk ausweichen wollen. Aber dann hätte die gesamte Delegation per Bus nach Smolensk reisen müssen und wäre viele Stunden zu spät zu den Feierlichkeiten gekommen. Was genau in dem Flugzeug kurz vor der Landung geschah, weiß man nicht, die Aufzeichnungen geben darüber wenig Aufschluss. Bekannt ist, dass der Pilot, der sich schließlich zu einem Landeversuch entschloss, während der Landung Kaczyńskis in Tiflis zwei Jahre zuvor mit diesem eine Auseinandersetzung gehabt hatte, bei der er sich geweigert hatte, Kaczyńskis Anweisungen Folge zu leisten, und dafür war er anschließend disziplinarrechtlich belangt worden. Der Flugschreiber der Tupolew verriet, dass Passagiere während der Landung in die Kabine eingedrungen waren und mit den Piloten diskutiert hatten, dass der Chefpilot aber den Befehl gegeben hatte, die Maschine wieder nach oben zu ziehen. Zu dieser Zeit herrschte um den Flugplatz eine Sichtweite von 200 Metern, manche der Signallichter wurden von hohen Bäumen verdeckt und die Piloten wussten offenbar nicht, dass sie beim Landeanflug durch eine Senke flogen und der von den Instrumenten gemessene Abstand der Maschine zum Boden also eine falsche, scheinbar höhere Flughöhe suggerierte. Statt in eine sichere Höhe zu ziehen, streifte das Flugzeug mehrere Baumkronen, drehte sich infolge dieser Kollisionen auf den Rücken, verlor beim Zusammenprall mit einer Birke eine Tragfläche und zerschellte dann in tausende Teile. Alle Menschen an Bord kamen ums Leben. Es war der Morgen des 10. April 2010 um 8.41 Uhr Ortszeit, und es war die größte Flugzeugkatastrophe, die Polen je erlebt hatte. Von einem Moment auf den anderen verlor das Land einen gewaltigen Teil seiner politischen und militärischen Elite.

Viele glaubten damals, die Katastrophe werde alles verändern. Diese Annahme war nicht völlig aus der Luft gegriffen: Acht Jahre zuvor hatte die Ermordung des rechtspopulistischen Politikers Pim Fortuyn in den Niederlanden seiner Partei mit einer Art Mitleid- und Trotzeffekt einen enormen Stimmengewinn beschert. Obwohl zunächst führungslos war die „Liste Pim Fortuyn" auf Anhieb zur zweitgrößten Partei aufgestiegen und hatte mit den Christdemokraten und Rechtsliberalen eine Regierung gebildet. In Spanien hatte 2002 ein Al-Kaida-Attentat ein politisches Erdbeben und den Abzug der spanischen Truppen aus Afghanistan ausgelöst. In Polen geschah nichts dergleichen. Wie eine Gruppe Soziologen später feststellte, veränderten sich durch die Katastrophe weder die Wahlpräferenzen der Polen noch ihre Einstellung zu Staat, Regierung oder zu den bei der Katastrophe ums Leben gekommenen Politikern.[1] Die in der Verfassung vorgesehenen Mechanismen funktionierten reibungslos: Innerhalb weniger Tage organisierte die Regierung ein Staatsbegräbnis, obwohl der Flugverkehr in ganz Europa damals praktisch wegen eines Vulkanausbruchs und der dadurch in die Atmosphäre geblasenen Aschewolken zum Stillstand kam. Sejm-Marschall Bronislaw Komorowski wurde Interims-Präsident, die Posten der Umgekommenen wurden umgehend neu besetzt. Bei der vorgezogenen Neuwahl des Präsidenten gewann Komorowski dann knapp gegen Jarosław Kaczyński, den Bruder des verunglückten Präsidenten.

Das war der Moment, ab dem sich dann tatsächlich

etwas dramatisch veränderte – allerdings nicht in der polnischen Gesellschaft, sondern in Kaczyńskis Partei. Der ältere der beiden Kaczyński-Zwillinge (und derjenige, der bei den beiden in der Regel das Sagen hatte) befand sich in einer Lage, die aus einer griechischen Tragödie hätte entnommen sein können. Unverheiratet und gerüchteweise als nicht-praktizierender Schwuler hatte er nur zwei Menschen in seinem Leben, die ihm wirklich nahestanden: seine 84jährige Mutter und seinen Bruder Lech. Nach dem Schock der Katastrophe hätte er eigentlich Zeit gebraucht, um den Verlust zu verarbeiten. Doch er war zugleich der Einzige in der auf die Kaczyński-Brüder zugeschnittenen Partei, der als Gegenkandidat zu Komorowski in Frage kam. Unter normalen Umständen hätte er einen weiteren, aggressiven Wahlkampf voller Untergangsszenarien geführt, seine Stammwähler mit Angstparolen mobilisiert, seine Gegner beschimpft und als Vaterlandsverräter gebrandmarkt – so wie er das seit Jahrzehnten immer getan hatte. Doch in der dumpfen Atmosphäre nach der Katastrophe der Tupolew, als das Land sich nach Einheit, Harmonie und Einigkeit sehnte, wäre eine solche Strategie politischer Selbstmord gewesen – genauso wie ein Verzicht auf eine Kandidatur. Kaczyńskis Partei war, anders als die Polnische Bauernpartei auf dem Land und die liberalkonservative Bürgerplattform in den Städten, nie wirklich dauerhaft in der kommunalen Selbstverwaltung verankert. Sie hatte auch nie eine beeindruckende Zahl von Mitgliedern. Wenn sie ihre Leute bei der Stange halten wollte, musste sie Posten in der staatlichen Verwaltung vergeben. Die war fest in der Hand von Bauernpartei und Bürgerplattform. Was blieb, war der Präsidentenpalast. Und so unterdrückte Kaczyński seine Trauer, schluckte, wie er später zugab, jede Menge Beruhigungsmittel und machte einen Wahlkampf mit gebremstem Schaum: Er gab sich versöhnlich, moderat, auf Ausgleich bedacht, verzichtete auf Angstmache und schmutzige Tricks und verlor die Wahl mit 48 zu 52 Prozent der Stimmen. Angesichts der Umstände war das ein enormer Achtungserfolg. Er selbst sah das allerdings nicht so. Er setzte die Beruhigungsmittel ab und war fast sofort wieder der Alte: intrigant, rachsüchtig, aggressiv. Als erstes säuberte er die Partei von allen, die ihn zu dem moderaten Wahlkampf geraten hatten – das waren vor allem Politiker und Beamte gewesen, die unter seinem Bruder im Präsidialamt gearbeitet hatten. Nach und nach wurden sie von anderen Parteien aufgesaugt. Dann setzte Kaczyński einen Rachefeldzug gegen seine politischen Gegner in Szene: Die Flugzeugkatastrophe wurde zu einem russischen Attentat gegen seinen Bruder erklärt, Tusk und seine Entourage wurde beschuldigt, „den Russen" dabei zugearbeitet zu haben. Zu jedem zehnten des Monats trafen sich Kaczyński und seine Getreuen zu einer Gedenkveranstaltung in der Warschauer Innenstadt und bestätigten sich dabei gegenseitig in ihrer Überzeugung, Bruder Lech sei durch ein Komplott Tusks mit Putin ermordet worden. Bald folgten diese Treffen einem festen Ablauf (grölende Gegendemonstranten eingeschlossen), der Unterwerfungsritualen nachempfunden war: Wer seine Loyalität beweisen wollte, wer Gehör beim Parteichef finden wollte, musste zu der Gedenkveranstaltung erscheinen und beteuern, wie fest er an die Attentatstheorie glaube. Als weder der offizielle polnische noch der offizielle russische Untersuchungsbericht einen Zweifel daran ließen, dass die Tupolew wegen Nebel und menschlichen Versagens (seitens der Kontrollturmbesatzung und der Piloten) abgestürzt war, wischten Kaczyńskis Getreue das beiseite und präsentierten ihre eigenen Experten mit einer eigenen Version: Die Tupolew sei in der Luft explodiert. Wie eine Bombe ohne Wissen der Besatzung (die selbst zu den Opfern gehörte), des Militärflugplatzes und der Delegationsmitglieder an Bord gekommen sein könnte, konnten die Anhänger der Attentatstheorie nie erklären. Dafür produzierten sie zahllose, größtenteils einander widersprechende Versionen ihrer Theorie, mit denen sie Bücher, Zeitungen und Redemanuskripte füllten. Selbst eine Doku-Fiction, an deren Ende ein Flugzeug explodiert, entstand so.

Das war eigentlich nichts Ungewöhnliches: Fast alle großen Katastrophen haben solche Verschwörungserzählungen ausgelöst, vom Attentat auf John F. Kennedy über die Dutroux-Affäre in Belgien bis zum Flugzeugabsturz des ruandischen und burundischen Präsidenten 1994 in Kigali, der tatsächlich ein Attentat war, das nie aufgeklärt wurde und den Völkermord in Ruanda auslöste. Wenn etwas spektakulär schief geht, brauchen Menschen Erklärungen, und wenn sie die nicht bekommen (oder nicht glauben), suchen sie sich eigene. Erstaunlich war nach dem 10. April 2010 in Polen eigentlich nur, dass diese Verschwörungstheorie außerhalb der PiS-Partei und ihrer treusten Anhänger von kaum jemandem geglaubt wurde. Die Partei selbst dagegen radikalisierte sich dadurch enorm. Da sie aber nur eine von mehreren Oppositionsparteien war, blieb das in der Öffentlichkeit fast unbemerkt, zumal die Partei auch in den Medien kaum präsent war: Ihre wenigen parteinahen Fernsehsender, Zeitungen und Zeitschriften hatten so gut wie keine Breitenwirkung und erreichten nur ohnehin bereits Überzeugte. Das wiederum förderte bei den Parteikadern das Gefühl, ausgeschlossen zu sein: Durch ein Attentat auf ihren Anführer, der durch seinen tragischen Tod auch noch idealisiert werden konnte, hatte die regierende Koalition unter Donald Tusk die PiS von der Macht vertrieben, der von den Regierenden angeblich befeuerte Zeitgeist sorgte dafür, dass die eigenen Kommentatoren und Intellektuellen gar kein Gehör mehr bekamen. Diese Meistererzählung hat ihre Lücken: Es gab selbst im Staatsfernsehen, das von der Regierungskoalition aus Bauernpartei und Bürgerplattform beherrscht wurde, und im Rundfunk PiS-nahe Enklaven, Programme und Sendungen. Hinzu kamen Privatmedien, um die herum sich ein Biotop aus rechtsradikalen, rechtspopulistischen, nationalistischen, patriotischen und konservativen Klubs und Think Tanks bildete, deren Organisatoren und Besucher sich aber ständig gegenseitig bestätigten, wie sehr sie vom Mainstream ausgeschlossen, von der Regierung marginalisiert und in die Ecke gedrängt würden. Eine wichtige Rolle spielte dabei auch, dass die PiS und ihre Vorfeldorganisationen keinerlei internationale Anbindung hatten: Weder gab es eine deutsche Parteienstiftung oder Partnerpartei noch gab es eine Parteienfamilie auf EU-Ebene, mit der PiS-Politiker zusammenarbeiten und sich austauschen konnten. Konnte die Partei Abgeordnete ins Europaparlament entsenden, so fanden die sich dort in einer der Außenseiterfraktionen wieder, die, um auf Fraktionsstatus zu kommen, Nationalisten, Populisten, versprengte Konservative und Euroskeptiker vereinte. Gegenüber dem EU-Mainstream, in dem Sozialisten, Konservative und Liberale die Kompromisse mit dem Rat aushandeln, waren die PiS-Abgeordneten auch in Brüssel und Straßburg isoliert – und machten allenfalls mit radikalen und brachialen Auftritten auf sich aufmerksam, die hauptsächlich an ihre Anhänger in Polen gerichtet und für das EU-Publikum oft komplett unverständlich waren.

Und so geschah in Polen in den Jahren nach der Flugzeugkatastrophe nichts besonders Aufregendes. 2011 verzeichnete die Regierungskoalition unter Tusk leichte Verluste bei den Parlamentswahlen, behielt aber die absolute Mehrheit im Sejm. Bei den Wahlen zur kommunalen und regionalen Selbstverwaltung 2014 gab es einige spektakuläre Pannen, die es der PiS-Führung erlaubten, das Ganze als Wahlfälschung darzustellen. Im Vorfeld der Parteien entstand eine Bewegung zur Wahlbeobachtung (die sich personell mit dem Umfeld der Attentatstheoretiker deckte). Dann aber kam das polnische Superwahljahr 2015, und das Unheil nahm seinen Lauf.

Eine perfekte Windstille

Das Jahr 2015 wirkte sich auf Polens politisches System aus wie ein perfekter Sturm, aber eigentlich war es eine perfekte Windstille. Es passierte nämlich so gut wie gar nichts – und genau das war das Problem. Im Vorjahr hatte Donald Tusk, der erfolglose Präsidentschaftskandidat von 2005 und erfolgreiche Ministerpräsident von 2007, den Ruf nach Brüssel angenommen, wo der Europäische Rat einen neuen Vorsitzenden suchte. Tusk hinterließ eine zerstrittene Partei, deren Führung die frühere Gesundheitsministerin Ewa Kopacz übernahm. Was bis dahin ein Vorteil der Bürgerplattform gewesen war, wurde nun zur Belastung: dass sie es mit einem ihr freundlich gesinnten, aber in Wahlkämpfen unerfahrenen Präsidenten zu tun hatte, der, was die Meinungsumfragen bestätigten, sehr gute Chancen auf eine zweite Amtszeit hatte und deshalb auf einen eigenen Wahlkampfstab verzichtete. Stattdessen organisierte die Parteiführung seinen Wahlkampf.

Von Komorowskis guten Umfragewerten wusste man auch bei der PiS. In einer dermaßen auf einen Mann ausgerichteten Partei war Jarosław Kaczyński der natürliche Kandidat auf das höchste Amt im Staat. Aber überzeugt, er werde wieder verlieren, schickte er einen Zählkandidaten ins Rennen, den fast unbekannten EU-Abgeordneten Andrzej Duda. Falls der verlor, würde das die Partei nicht in eine Führungskrise stürzen, denn niemand rechnete ernsthaft mit Dudas Sieg. Aber Komorowski führte, ganz von der Überzeugung geprägt, er habe den Sieg in der Tasche, einen furchtbaren Wahlkampf, er eckte bei jeder Gelegenheit an und gab sich arrogant, überheblich, abgehoben vom einfachen Volk, das ihn wählen sollte. Statt die erste Runde der Präsidentschaftswahlen klar für sich zu entscheiden – womöglich sogar mit einer absoluten Mehrheit, die eine zweite Runde überflüssig gemacht hätte – schnitt er knapp schlechter ab als Duda und musste in die zweite Runde. Die Parteiführung hätte gerne eine zweite Amtszeit für Komorowski gesehen, andererseits sollte sein Ergebnis aber so schlecht ausfallen, dass er nicht zur unangefochtenen Führungsfigur in der Partei würde, die die Tusk-Nachfolge noch nicht geregelt hatte. Angesichts der Aussicht, Komorowski könne verlieren, brach nun Panik aus. Um die eigenen Wähler zu mobilisieren, schlug Komorowski ein Referendum zu drei irrelevanten Fragen vor, von denen er glaubte, sie würden in der Bevölkerung kontrovers diskutiert. Es war der Beginn einer langen Geschichte des Missbrauchs von Volksbefragungen, die erst

2023 ihren vorläufigen Abschluss finden und die Idee des Referendums zutiefst diskreditieren sollte. Zwei Wochen nach Komorowskis erster Niederlage kam die zweite, endgültige: Duda schlug Komorowski knapp mit 51,5 zu 48,5 Prozent der Stimmen.

Aber 2015 standen auch noch Parlamentswahlen an. Und bis auf die PiS, die nun in Aufbruchstimmung war, waren alle anderen Parteien damit beschäftigt, ihre Wähler so ähnlich zu demobilisieren, wie dies Komorowski mit den seinen getan hatte. Zu den Präsidentschaftswahlen stellte die größte Linkspartei ein politisch unbedarftes, blondes Promi-Model auf, das sich im Wahlkampf von einigen Grundpfeilern des Parteiprogramms distanzierte, gar nicht erst in die zweite Runde kam und danach als Feuilletonistin und Fernsehkommentatorin rechtsradikales Gedankengut verbreitete, nachdem die PiS die öffentlich-rechtlichen Medien de facto verstaatlicht und von unbequemen Journalisten gesäubert hatte. Bei den Parlamentswahlen trat die Linke mit drei verschiedenen Listen an, darunter eine Zwei-Parteien-Liste. Für Parteienlisten gilt statt der üblichen Fünf-Prozent-Hürde eine Acht-Prozent-Hürde. Sie haben den Vorteil, beiden Partnern bei einem Einzug ins Parlament eine saftige Wahlkampfkostenerstattung zu verschaffen. Aber da waren noch zwei andere linke Listen, die alleine antraten. Alle drei zusammen zersplitterten das linke Wählerpotential so sehr, dass am Ende keine der Listen ins Parlament einzog – vier Jahre lang gab es linke Politiker nur noch in der regionalen und kommunalen Selbstverwaltung. Die Bürgerplattform führte einen führungslosen, desorientierten und lustlosen Wahlkampf. Um seiner Partei zu helfen, wollte der frischgebackene Präsident Andrzej Duda auch ein Referendum anberaumen – zu ähnlich irrelevanten Fragen wie sein Vorgänger. Er scheiterte am Senat, dessen Zustimmung dazu notwendig war und der noch von Bürgerplattform und Bauernpartei dominiert wurde. Doch Dudas Finte erwies sich als unnötig: Polens Wahlsystem sieht eine Auszählung der Stimmen nach D'Hondt auf der Wahlkreisebene vor, eine Methode, die der Partei mit den meisten Stimmen enorme Vorteile verschafft: Die meisten der Sitze, die die Linke durch ihre Zersplitterung verlor, kamen PiS zugute. Bei einer Wahlbeteiligung von gerade einmal 50 Prozent und mit nur 37 Prozent der gültigen abgegebenen Stimmen errang PiS eine absolute Mehrheit der Mandate in Sejm und Senat. Damit konnte die Partei – zusammen mit ihrem Präsidenten – den Nationalbankrat, den Nationalbankchef, den nächsten Präsidenten des Verfassungstribunals, die Mehrheit im Rundfunk- und Fernsehrat bestimmen, und es war aufgrund der Amtszeiten der Richter auch absehbar, dass die PiS ab 2017 mit neun von 15 Verfassungsrichtern eine Mehrheit im Verfassungstribunal haben würde.[2]

Nur eines konnte die PiS nicht: die Verfassung so ändern wie das die Fidesz in Ungarn nach 2010 hatte tun können. Angesichts der Aussicht, sich das Verfassungstribunal in absehbarer Zeit ohnehin unterordnen zu können, hatte es für die Partei wenig Sinn, das Gericht mit verfassungswidrigen Finten zu paralysieren und in Nacht- und Nebelaktionen mit rechtswidrig ernannten Richtern aufzufüllen. Das hätte nur Sinn gehabt, wenn man davon ausgeht, dass das erst der Plan B war. Plan A lautete wahrscheinlich ganz anders: unmittelbar nach der Übernahme der Regierung einen warmen Regen von Sozialleistungen über das Land auszuschütten und danach – über eine verfassungsrechtliche Finte – Neuwahlen auszuschreiben und so eine verfassungsändernde Mehrheit zu erreichen. Danach hätte die PiS dann vorgehen können wie der von vielen nationalpopulistischen Intellektuellen und Journalisten so bewunderte Viktor Orbán in Ungarn. Nur: Es funktionierte nicht. Nach Beginn der Auszahlung des Kindergeldes von knapp 500 PLN pro Kind (vorausgesetzt, es gab in der Familie mindestens zwei Kinder) veränderten sich die Sympathiewerte für die PiS nicht einmal minimal – die Partei kam in den ganzen acht Jahren ihrer Regierungszeit nie über 40 Prozent der Stimmen. Unter günstigen Umständen konnte ihr das bei vorgezogenen Neuwahlen eine absolute, aber keine verfassungsgebende Mehrheit im Parlament verschaffen. Unter ungünstigen Umständen konnte es sie auch die absolute Mehrheit kosten. So kam es zu Plan B: Die Ausschaltung des Verfassungstribunals würde es ermöglichen, Gesetze zu verabschieden, die gegen die Verfassung verstießen. Dann musste man die Verfassung nicht ändern, man erließ einfach die Gesetze, die man wollte, und das Tribunal würde sie im Zweifelsfall durchwinken.

Die Dampfwalze

Eines der Probleme, die PiS in den nachfolgenden acht Jahren immer plagen würde, war die Kurzsichtigkeit ihrer Parteiführung: Jarosław Kaczyński und seine Getreuen planten immer nur den nächsten Schritt, ohne dabei die möglichen Reaktionen anderer Akteure zu berücksichtigen. Es war wie bei einer Partie Räuberschach: Was sich in den Weg stellte, wurde geschlagen, ohne Rücksicht auf die Folgen. Mit der Zeit mussten sie dabei, um den eigenen Willen durchzusetzen, immer härter zuschlagen, aber dabei ging dann auch immer mehr kaputt. Und nach einiger Zeit stellte sich heraus, dass sie auch das kaputtgeschlagen hatten, was sie brauchten, um an der Macht zu bleiben.

Mit dem Frontalangriff auf das Verfassungstribunal mobilisierte die PiS einen Berufsstand gegen sich, der unter anderen Umständen ihr natürliches Wähler- und Unterstützerreservoir gewesen wäre: Juristen, Richter, Staatsanwälte und die polnische Anwaltschaft. Als klar wurde, dass das Verfassungstribunal als verfassungsmäßige Kontrollinstanz ausfallen und nicht mehr imstande sein würde, Gesetze auf ihre Verfassungsmäßigkeit zu prüfen, übernahmen das die ordentlichen Gerichte. Sie begannen nun, die Verfassung direkt auf ihre Fälle anzuwenden, ohne wie bisher das Verfassungstribunal um Interpretationshilfe zu bitten. Als die Regierung bemerkte, dass sie sich 10.000 Richter im ganzen Land zum Feind gemacht hatte, reagierte sie auf eine Art und Weise, die ihre gesamte Politik in den folgenden acht Jahren kennzeichnen würde: autoritär und mit Repressionen. Wenige Monate, nachdem die Regierung die Mehrheitsverhältnisse im Verfassungstribunal zu ihren Gunsten verändert und Präsident Duda mit Julia Przyłebska eine inkompetente, aber der Partei ergebene Bezirksrichterin aus Posen zur Verfassungsgerichtspräsidentin ernannt hatte, brachte Justizminister Zbigniew Ziobro drei Gesetzentwürfe im Parlament ein.[3] Der erste erlaubte es ihm, ein halbes Jahr lang überall im Land die Gerichtspräsidenten auszutauschen. Der zweite ermöglichte es der Regierungsmehrheit im Parlament und dem Präsidenten, die Mehrheit statt der in der Verfassung vorgesehenen maximal acht Mitglieder von 25 Mitgliedern des Landesjustizrat zu ernennen.[4] Der dritte schickte die Richter des Obersten Gerichtshof vorzeitig in eine Art Zwangspension, wodurch der Landesjustizrat dann die freigewordenen Posten mit regierungsnahen Juristen auffüllen konnte. Es gab auch noch einen vierten Gesetzentwurf, auf den fast niemand achtete und mit dem sich der Justizminister (der seit Anfang 2016 in Personalunion auch Generalstaatsanwalt war) direkten Einfluss auf die Ausbildung der Richter sicherte.

Diese Justizreform, wie sie offiziell genannt wurde, begleitete eine Propagandakampagne gegen alle Richter. Sie seien, so hieß es, korrupt, abgehoben, verstünden das einfache Volk nicht, fällten ungerechte Urteile und schützten sich gegenseitig vor strafrechtlicher Verantwortung. PiS-Ministerpräsidentin Beata Szydło verkündete sogar, „jede polnische Familie sei schon einmal von einem Richter misshandelt worden". Nun gibt es auch unter Polens Richterschaft schwarze Schafe. Aber Richter stehen gleich mehrfach unter Beobachtung: durch die Prozessparteien, durch die Öffentlichkeit, durch ihre eigenen Verbände und durch die Regierung. Um sie vor der Willkür der Letzteren zu schützen, können sie nicht einfach strafrechtlich zur Verantwortung gezogen werden: Erst muss ein Richtergremium entscheiden, ob sie disziplinarrechtlich belangt werden können oder ob sogar – im Fall einer Straftat – ihre Immunität aufgehoben wird, damit sie angeklagt werden können. Selbst aus den Angaben des (von der Regierung kontrollierten) Justizinstituts in Warschau und den von der Regierung (nur stückweise) veröffentlichten Daten über Disziplinarverfahren ging klar hervor, dass das polnische Gerichtswesen in punkto Schnelligkeit der Verfahren im EU-Mittelfeld lag und Richter sechs- bis siebenmal seltener Straftaten begingen als der Bevölkerungsdurchschnitt. Es gab noch nicht einmal in den Meinungsumfragen eine Grundlage für das, was die Regierung Justizreform nannte: Die Befragten sahen deutlich mehr Korruption im Gesundheitswesen und selbst im Parlament als in der Justiz. Das soll nicht heißen, dass es keinen Reformbedarf gab. Ein Problem, das seit dem Systemwechsel 1989 ungelöst geblieben war, waren die übermäßigen Strafen der Justiz: Mit harten Urteilen gegen Straftäter überfüllten die Gerichte die Gefängnisse oder ordneten grundlos lange Untersuchungshaft an, ohne die Argumentation der Staatsanwälte zu überprüfen. Dagegen taten die PiS-geführten Regierungen allerdings nichts, im Gegenteil, mit mehreren, zum Teil sehr chaotischen Novellierungen des Strafgesetzbuches sorgten sie für noch höhere Strafen (meist in Reaktion auf spektakuläre Verbrechen) und für noch längere U-Haft für Verdächtige. Damit gaben sie den Staatsanwaltschaften, die nach einer Novelle von 2015 direkt vom Justizminister abhängig waren, ein scharfes Schwert an die Hand, das diese an die Bürgerrechte anlegen konnten. Es ermöglicht, völlig Unschuldige rechtsstaatlich und für das Gericht kaum nachvollziehbar für lange Zeit hinter Gittern zu halten: Der Staatsanwalt bringt einen Verbrecher mit dem Versprechen eines Strafnachlasses oder eines Kronzeugenstatus dazu, als Belastungszeuge gegen einen geeigneten Geschäftsmann auszusagen. Dieser verschwindet dann monate- oder jahrelang in Untersuchungshaft und erhält dort ein Angebot, das er nur schwer ausschlagen kann: Er wird entlastet und entlassen, nachdem er gegen einen für die Regierung missliebigen Politiker oder Geschäftsmann ausgesagt hat. Ob die Aussage wahrheitsgemäß ist, kümmert dabei niemanden – Hauptsache, sie füllt die Lücken im bestehenden Beweismaterial. In den acht Jahren PiS-

Herrschaft in Polen gab es keine politischen Gefangenen. Niemand wurde wegen seiner politischen Überzeugungen oder wegen Unterstützung der Opposition zu Gefängnisstrafen verurteilt. Aber es gab mehrere, von der Öffentlichkeit kaum wahrgenommene Fälle, in denen missliebige Geschäftsleute und Politiker aufgrund von Aussagen angeblich reuiger Krimineller monatelang in der U-Haft verschwanden. So erging es Przemyslaw Krych, dessen Geschichte 2019 von der Agentur Bloomberg aufgegriffen wurde, und zuletzt Wlodzimierz Karpinski, einem ehemaligen Minister der Regierungen Tusk, und Kopacz, der direkt aus der U-Haft ins Europaparlament gewählt wurde als Nachfolger eines Abgeordneten, der sein Mandat aufgab, als er 2023 in den Sejm gewählt wurde.[5]

Dass es in Polen kein systemisches Rechtsstaatsproblem gab, für das man eine Justizreform gebraucht hätte, war für die regierungsamtliche Kampagne gegen Richter kein Hindernis. Regierungsnahe Medien, das staatliche Fernsehen und der Rundfunk beschallten ihre Hörer und Zuschauer mit den ständig gleichen Beispielen von Richtern, die in einem Supermarkt etwas gestohlen hatten oder betrunken Auto gefahren waren (was Politiker deutlich öfter tun). Eine speziell zur Verbreitung von Regierungspropaganda gegründete Stiftung, die mit 30 Millionen Złoty von Staatsbetrieben ausgestattet wurde, verbreitete Poster von Richtern mit Fischköpfen und der Aufschrift „Der Fisch stinkt vom Kopf her". Der Oberste Gerichtshof musste angeblich von Richtern gesäubert werden, die vor 1989 mit den Kommunisten kollaboriert und Oppositionelle verfolgt hatten – obwohl beim Amtsantritt der PiS 2015 gerade einmal zehn der über einhundert dort arbeitenden Richter überhaupt in den achtziger Jahren an

Strafverfahren beteiligt gewesen waren. Als die Justizreform in Kraft trat, waren es nur noch zwei Richter. Im ZDF forderte Ziobro, das polnische Justizwesen müsse so von alten kommunistischen Kadern gesäubert werden, wie das nach 1990 in der DDR geschehen sei, vergaß dabei aber, dass inzwischen 30 Jahre vergangen waren und fast alle polnischen Richter, die vor 1989 im Amt gewesen waren, inzwischen in Rente waren.

Der PiS-Abgeordnete Stanisław Piotrowicz, der die Übernahme des Verfassungstribunals für die Parteiführung koordinierte, hatte als Staatsanwalt in der Volksrepublik tatsächlich Oppositionelle angeklagt – er wurde, als seine Arbeit im Parlament erledigt war, von der PiS-Mehrheit im Sejm zum Verfassungsrichter gewählt.

Durch das ganze Land rollte eine Kampagne, die ausschließlich auf Emotionen gründete und mit der Richter als Volksfeinde angeprangert wurden. Es war die erste von mehreren Kampagnen, die nur darauf abzielten, mit hochemotionalen und pauschalen Vorwürfen gegen eine bestimmte Gruppe Ressentiments zu wecken.

Im Nachhinein ist klar, dass die Opposition die Zeichen der Zeit damals nicht erkannte. Als die Regierung den illegal ernannten Richtern Zugang zum Verfassungstribunal verschaffte, waren keine Abgeordneten da, die sich der Polizei entgegenstellten. Abgeordnete genießen Immunität, die Polizei wäre nicht an ihnen vorbeigekommen. 50 000 Warschauer gingen für das Verfassungstribunal auf die Straße, aber PiS hatte natürlich den längeren Arm – Parteiführung, Regierung und Parlamentsmehrheit konnten einfach warten, bis sich der Sturm der Entrüstung legen würde.

Damals hatten sie von der EU wenig zu fürchten. Das

EU-Parlament debattierte mehrfach über die „Verstöße gegen die Rechtsstaatlichkeit", und die EU-Kommission brachte sie sogar in einem bis dahin nie genutzten Verfahren vor den Rat. Doch es gab da zwei unüberwindliche Hindernisse: Die Ausgestaltung der Justiz lag in der ausschließlichen Zuständigkeit der Mitgliedsstaaten. Und zweitens wurde schnell klar, dass Ungarn Polen vor EU-Sanktionen im Rahmen des Artikel-7-Verfahrens mit Hilfe seines Vetos schützen würde. Als 1999 in Österreich die Freiheitliche Partei Österreichs Koalitionspartner der konservativen Österreichischen Volkspartei wurde, hatten 14 von damals 15 Mitgliedsstaaten eine Art gesellschaftlichen Boykott Österreichs verabredet – außerhalb der EU-Verträge und ohne sich darüber im Klaren zu sein, wie man den Boykott wieder beenden könnte. Um eine solche Situation für die Zukunft zu regeln, hatte man dann bei der Reform des Nizza-Vertrags das Artikel-7-Verfahren erfunden, allerdings ohne zu berücksichtigen, dass es einmal mehr als nur ein einziges schwarzes Schaf betreffen konnte. In den Jahren nach 2015 schützten sich die polnische und ungarische Regierung so gegenseitig mit ihrem Veto. Da alle das wussten, versuchte niemand, das Verfahren zu Ende zu bringen.

Die Juristen des Europäischen Gerichtshofs wussten sich da besser zu helfen als die Politiker. Sie schufen sich ihre Rechtsgrundlage selbst. Als Vorwand diente dabei eine Anfrage aus Portugal: Griff die Regierung in die richterliche Unabhängigkeit ein, wenn sie das Besoldungssystem in der Justiz reformierte? Die Richter am EUGH holten zu einem Rundumschlag aus, der mit Portugal wenig zu tun hatte. Sie begründeten ausführlich, warum sie für richterliche Unabhängigkeit überhaupt zuständig waren:

aufgrund von Artikel 2 und 19 des EU-Vertrags, die Rechtsstaatlichkeit zu einem Grundwert der EU erklären und ihren Bürgern „wirksamen Rechtsschutz“ garantieren. Demzufolge hat jeder ein Recht auf Anhörung vor einem unabhängigen Gericht. Das klingt weit hergeholt, ist es aber beim genauen Hinsehen gar nicht: Nicht nur Richter haben ein Recht darauf, unabhängig entscheiden zu dürfen, jeder einzelne Bürger hat auch das Recht, von einem unabhängigen Gericht gehört zu werden. Wenn also eine Regierung in irgendeiner Weise Druck auf Richter ausübt und Gerichte schafft, die nicht unabhängig sind, verletzt sie nicht nur die Rechte der Richter, sondern auch der Bürger.

Im Laufe der Urteile, die in den Jahren nach 2018 in Straßburg und Luxemburg ergingen, wurde daraus das Recht, von einem Gericht angehört zu werden, dessen Richter rechtmäßig (nach den Gesetzen ihres Landes) ernannt worden und unabhängig waren. Waren sie das nicht, handelte es sich nicht mehr um ein Gericht (und bei den betreffenden Richtern nicht um Richter).

Die Urteile aus Straßburg konnte die polnische Regierung ignorieren. Der Menschenrechtsgerichtshof verhängt nur moderate Entschädigungen für Bürger, deren Rechte verletzt wurden, er kann in Polen keine Gesetzesänderungen durchsetzen. Allerdings beriefen sich EU-Kommission und EUGH mehr und mehr auf dessen Argumentation – und das wurde dann für die Regierung in Warschau unangenehm und teuer. Denn der EUGH kann Zwangsgelder verhängen, die, falls die verurteilte Regierung nicht zahlt, dann von EU-Überweisungen abgezogen werden. Diese Zwangsgelder steigen mit der Zahl der Tage, an denen die Regierung das entsprechende Urteil nicht umsetzt.

Vermutlich deshalb hielt sich die Regierung anfänglich an die Urteile des EUGH, zum Beispiel an eine einstweilige Verfügung gegen das Abholzen des Urwaldes von Białowieża. Dort begann die Forstverwaltung nach der Machtübernahme durch die PiS mit massiver Abholzung von Wäldern, die außerhalb des Nationalparks, aber innerhalb der nach EU-Recht geschützten Natura-2000-Zone lagen. Polnische und europäische Naturschützer stellten sich dem im Wortsinne entgegen, es gab Rangeleien, Festnahmen, Prügeleien. Dann kam die einstweilige Verfügung, und das Landwirtschaftsministerium, das bis dahin seine schützende Hand über die Forstverwaltung gehalten hatte, gab nach. Polens Richter – und alle diejenigen, die sich von der Hasskampagne gegen Richter nicht hatten beeindrucken lassen – zogen daraus den zunächst korrekten Schluss, dass die Regierung auch klein beigeben würde, wenn es gelang, eine EUGH-Entscheidung gegen die Justizreform zu erwirken.

Der Polizeistaat

Die ersten drei Novellen zur Justizreform führten zur ersten Welle von Massendemonstrationen, die weit über die Großstädte hinausging. Unter ihrem Eindruck legte Präsident Duda ein Veto gegen zwei der drei Gesetze ein. Wer aber gehofft hatte, der Präsident wolle damit die Unabhängigkeit der Justiz verteidigen, sah sich schnell im Irrtum. Er wollte nicht, dass der Justizminister, Zbigniew Ziobro, die Macht über die Justiz allein übernahm. Nach einem präsidialen Veto hat eine polnische Regierung zwei Möglichkeiten: Sie kann einen Kompromiss mit der Opposition schließen und das Gesetz danach mit einer Dreifünftel-Mehrheit doch noch verabschieden. Oder sie kann einen Kompromiss mit dem Präsidenten schließen, sodass dieser eine Novellierung nicht wieder blockiert. Die polnische Regierung tat das Letztere und teilte die Macht über die Justiz zwischen dem Präsidenten und dem Justizminister auf. Der Minister durfte künftig über seine Vertreter im Landesjustizrat bestimmen, wer Richter werden durfte, wer als Richter befördert und wer in den Obersten Gerichtshof entsandt werden würde. Der Präsident würde dagegen den Obersten Gerichtshof kontrollieren. Zusätzlich bekam er eine neue Klausel im Gesetz über den Obersten Gerichtshof: Urteile, die ungerecht gewesen waren, konnten nun selbst dann rückwirkend aufgehoben werden, wenn sie längst rechtskräftig geworden waren. Experten warnten vor den Folgen für die Rechtssicherheit, der absehbaren Flut von Anträgen und den Rückwirkungen auf international anerkannte und in Polen geltende rechtsstaatliche Prinzipien: Nun konnte nämlich auch ein rechtskräftig freigesprochener Angeklagter doch noch verurteilt werden, nicht aufgrund von neuem Beweismaterial, sondern weil die Obersten Richter (denen nach US-Vorbild Laienrichter zugeteilt wurden) den Freispruch „ungerecht" fanden. Der Sejm beschränkte das Recht auf diese „außerordentliche Klage" auf staatliche Institutionen und schützte den Obersten Gerichtshof so vor einer Klageflut. Die anderen Einwände wurden übergangen. Im November 2023 erließ dann der Straßburger Menschenrechtsgerichtshof nach zahlreichen früheren, für die polnische Regierung nachteiligen Entscheidungen, ein aufsehenerregendes Urteil, in dem Polen „systemische Probleme mit der Rechtsstaatlichkeit" bescheinigt wurden – also genau das, wofür das Artikel-7-Verfahren der EU eigentlich gedacht gewesen war. Einer der wichtigsten

Steine des Anstoßes in dem Urteil (das einstimmig erging) war die besagte „außerordentliche Klage", die auf Dudas Verlangen 2017 in das Gesetz über den Obersten Gerichtshof aufgenommen worden war.[6]

Die einstweilige und mit hohen Tageszwangsgeldern bewehrte Verfügung gegen die Abholzung des Urwalds und die Tatsache, dass die Regierung nachgab, machten deutlich, dass der Weg zum EUGH mehr Erfolg versprach als der Weg über EU-Parlament, EU-Kommission und Rat (im Rahmen des Artikel-7-Verfahrens). Richter, die durch die Justizreform unter Druck kamen, begannen nun, sich mit ihren Mitteln zu wehren. Statt bei Zweifeln das Verfassungstribunal anzurufen, wandten sie die Verfassung jetzt selbst an. Nun entdeckten auch immer mehr Richter, dass sie sich ein Vehikel zunutze machen konnten, das sie jahrzehntelang ignoriert hatten: EU-Recht. Dazu gehörte die Möglichkeit – und in der zweiten Instanz sogar die Pflicht – bei Zweifeln der Richter vor Urteilen, die Sachverhalte mit EU-Bezug betrafen, den EUGH im Rahmen eines Vorentscheidungsverfahrens um Interpretationshilfe zu ersuchen. Die Interpretation des EU war dann auch für andere Gerichte verbindlich, wobei der EUGH den Richtern aber das Urteil nicht abnahm. Urteilen mussten sie selbst, allerdings auf Grundlage der EUGH-Interpretation.

Von dieser Möglichkeit machten bald nicht nur polnische Gerichte Gebrauch. Den Anfang machte ein irisches Gericht, das wissen wollte, ob es einen Verdächtigen im Rahmen des Europäischen Haftbefehls zurück nach Polen schicken durfte.[7] Dort herrschten ja nach der Justizreform keine rechtsstaatlichen Verhältnisse mehr. Es durfte, entschied der EUGH, allerdings erst nach einer Prüfung, ob

Polen noch rechtsstaatlich sei, und falls nicht, ob sich das negativ auf die Rechte des Angeklagten auswirken konnte. War die Antwort ja, durfte er nicht ausgeliefert werden. Seither bombardieren europäische Richter ihre polnischen Kollegen mit langen Fragebogen, in denen sie wissen wollen, wie der zuständige Richter ernannt wurde, wie die Kammer zusammengesetzt sein werde, wie die Regierung in den Prozess eingreifen könne. In der EU gilt normalerweise eine Art Urvertrauen in nationale Justizapparate: Richter gehen davon aus, dass einem Angeklagten in jedem EU-Staat alle in der EU anerkannten Rechte zustehen. Jahrzehntelang hat die EU an diesen rechtsstaatlichen Garantien gearbeitet: Die Gerichte aller Mitgliedsstaaten sollten Beweise in ähnlicher Weise würdigen; alle sollten Angeklagten in etwa die gleichen Möglichkeiten zur Verteidigung einräumen – denn nur wenn die Verfahren überall ähnlich fair sind, kann man Angeklagte und Verdächtige unter EU-Staaten im Rahmen des Europäischen Haftbefehls ohne längere Prüfung hin- und herschieben.

Durch die EUGH-Vorabentscheidung zu der irischen Anfrage war Polen aus diesem System herausgefallen, ohne dass EU-Rat, Parlament oder irgendeine zentrale Institution darüber entschieden hätten. Von nun an galt das EU-Urvertrauen in die polnische Justiz nicht mehr. Sie wurde jetzt behandelt, als wäre sie eigentlich außerhalb der EU. Dagegen konnte die polnische Regierung wenig tun – es waren die dezentralen Entscheidungen vieler Gerichte, die nach der vom EUGH vorgeschriebenen „Rechtsstaatlichkeitsprüfung“ Verdächtige freiließen, weil sie befürchteten, dass ihnen nach einer Überstellung nach Polen kein faires Verfahren bevorstand. Nach einiger Zeit lehnte das polnische Justizministerium dann auch Überstellungen in andere EU-Länder ab, allerdings nur in Einzelfällen. Hätte man die Sache auf die Spitze getrieben, wären polnische Verbrecher in anderen EU-Ländern sicher gewesen und Polen wäre zum Zufluchtsort für Kriminelle aus der EU geworden – und das alles bei offenen Grenzen.

Polens Justizminister konnte ausländische Gerichte nicht daran hindern, Verdächtige zu behalten und nachzuforschen, ob polnische Gerichte auch wirklich unabhängig waren. Ständig bestätigte er durch sein eigenes Verhalten die Zweifel daran, ob Gerichte in Polen unvoreingenommen und ohne Druck handeln konnten, etwa wenn er Verdächtige in der Öffentlichkeit angriff, ihnen drohte oder gegen die Unschuldsvermutung verstieß. Das war umso erstaunlicher, als er in der Vergangenheit mehrere aufsehenerregende Zivilprozesse wegen Verleumdung genau deshalb verloren hatte. Für seine Anhänger war das aber nur ein weiterer Beweis dafür, wie ungerecht polnische Richter urteilten.

Ziobro konnte allerdings die polnischen Richter unter Druck setzen. Und das tat er auch: Er brachte ein Gesetz im Parlament ein, mit dem Richter disziplinarrechtlich bestraft werden konnten, wenn sie eine Anfrage an den EUGH richteten oder die Rechtmäßigkeit von Kollegen in Frage stellten, mit denen sie in einer Kammer saßen. Zu Letzterem hatten der EUGH und eine Entscheidung aller Kammern des Obersten Gerichtshofs die Richter verpflichtet, um zu verhindern, dass die unterlegene Seite in einem Streitfall die Rechtmäßigkeit eines Urteils angreifen könnte, das eine Kammer gesprochen hatte, in der ein Richter saß, der durch den 2017 reformierten Landesjustizrat ernannt worden war.

Darüber hinaus ließ er Richter, die sich durch öffentliche Kritik an der Reform oder spektakuläre EUGH-Anfragen und Klagen in Straßburg hervortaten, über die von ihm ausgewechselten Gerichtspräsidenten zwangsbeurlauben oder – mit Hilfe der ebenfalls vom Justizministerium kontrollierten Disziplinarsprecher – mit Disziplinarverfahren überziehen.

So entstand Schritt für Schritt ein System, in dem die Regierung alle anderen Gewalten – die Legislative, die Judikative und die „vierte Gewalt" – dominierte und letztendlich eine politisch gelenkte Staatsanwaltschaft entschied, wer verfolgt, wer angeklagt und wer verurteilt werden konnte und wer nicht. Ziobro füllte nämlich auch die Kammern des Obersten Gerichtshof und den Landesjustizrat mit Staatsanwälten, die ihm gegenüber loyal waren. Dass das System bis zuletzt nicht so funktionierte, wie es gedacht war, und Gerichte oft auch gegen die Regierung und gegen die Anträge der Staatsanwälte entschieden, lag daran, dass sich die Richterschaft bis zuletzt wehrte und international viel besser vernetzt war als die Polizei, die Staatsanwaltschaften und die Geheimdienste, die die PiS schnell und ohne größeren Widerstand gesäubert und gleichgeschaltet hatte. Paradoxerweise lag es aber auch daran, dass sich die PiS-Mehrheit im Sejm (und bis 2019 im Senat) selbst entmachtete und mehr und mehr Macht einer Regierung überließ, die viel zu inkompetent war, um diese Macht auch effektiv zu nutzen.

Von nun an ging's bergab

Nach den ersten vier Jahren der Regierungen von Beata Szydło und Mateusz Morawiecki hatte PiS mehr Macht, als eine polnische Regierung nach 1989 je gehabt hatte. Diese Macht war ihr zugefallen, sie hatte sie nicht erobert.

Die anderen Parteien hatten ihre Wähler selbst demobilisiert, waren damit beschäftigt, sich gegenseitig zu bekämpfen, und konzentrierten sich bei den Wahlen von 2019 nur noch darauf, wieder ins Parlament zu kommen – die Regierungsverantwortung war nicht ihr Ziel.

Die PiS hatte ihre knappe, aber absolute Mehrheit in Sejm und Senat dazu genutzt, die parlamentarische Opposition zu entmachten. In manchen Ausschüssen hatten Oppositionsvertreter nur noch 30 Sekunden Redezeit. Änderungsanträge wurden zu Paketen geschnürt und dann en bloc abgelehnt. Der Sejmmarschall – der Posten entspricht dem des Bundestagspräsidenten – ließ über Oppositionsanträge gar nicht erst abstimmen. Gesetzentwürfe der Regierung wurden dagegen immer häufiger – und häufiger als je zuvor seit 1989 – formal von Abgeordnetengruppen eingereicht, weil sie dann nicht mehr zur öffentlichen Anhörung ausgeschrieben und an die betroffenen Ministerien zur Stellungnahme versandt werden mussten. Manche Gesetze wurden innerhalb von zwei Tagen in drei Lesungen verabschiedet, gingen genauso schnell an den Senat, der sie ohne Änderungen zurücküberwies, worauf der Präsident in der Nacht unterschrieb, worauf sie dann mit minimaler oder gar keiner *vacatio legis* in Kraft traten.

Der übliche Weg – über Anhörungen, Beratungen in den Ministerien und im Ministerrat und ausführliche Debatten in den Ausschüssen und im Plenum – war zeitraubend, aber er diente auch dazu, die unterschiedlichen Interessen, die ein Gesetz betrifft, zu berücksichtigen. Diese Logik stand nun auf dem Kopf: Gesetze wurden nicht erlassen, nachdem die Regierung erfahren hatte, wie sie funktionieren würden, sondern sie traten erst einmal in Kraft. Dann stellte die Regierung erstaunt fest, dass ihr Gesetz ganz andere als die erhofften Folgen hatte, und brachte eilig wieder eine Novelle ins Parlament ein, die wieder genauso eilig beschlossen wurde – bis zur nächsten unangenehmen Überraschung bei der Anwendung. Lobbyisten, die sich normalerweise im Parlament und seinen (öffentlich tagenden) Ausschüssen tummeln, wo ihre Tätigkeit einigermaßen transparent ist, bevölkerten nun die Ministerien und die PiS-Parteizentrale, wohl wissend, dass Gesetzentwürfe im Parlament ohnehin nicht mehr verändert werden würden. Das Parlament als Kontrollinstanz hatte damit ausgedient. Es gab noch einzelne Abgeordnete, die ihre Kontrollbefugnisse nutzten und eigene Ermittlungen in den Ministerien anstellten, aber als Institution zur Kontrolle der Exekutive fiel das Parlament aus, ebenso wie das Verfassungstribunal und die Oberste Kontrollkammer, eine Art Rechnungshof. 2019 wählten die beiden von PiS dominierten Parlamentskammern den bisherigen Finanzminister Marian Banaś zum Kontrollkammerchef. Kurz darauf geriet er in einen innerparteilichen Machtkampf, die staatlich kontrollierten Medien und PiS und das Zentrale Anti-Korruptionsbüro attackierten ihn und dann auch seinen Sohn. Bis dahin hatten die Verlierer solcher Machtkämpfe immer klein beigegeben. Banaś dagegen ging in die Offensive, er begann, PiS zu attackieren, schickte seine Kontrolleure in die Ministerien und bombardierte die Staatsanwaltschaften und das Parlament mit umfangreichen Untersuchungsberichten über Korruption, Misswirtschaft und Inkompetenz. Vieles von dem, was in den Jahren danach an Affären und Skandalen an die Öffentlichkeit kam, stammt aus Banaś' Giftküche.

Die Geheimdienste erhielten bereits 2016 erweiterte Befugnisse – angeblich zur Terrorismusbekämpfung, obwohl es in Polen bis dahin weder Anschläge noch Terroristen gegeben hatte. 2019 kaufte das „Zentrale Anti-Korruptionsbüro" die Pegasus-Spionagesoftware aus Israel, hörte damit aber keine Terroristen ab, sondern den Wahlkampfstab der Bürgerplattform, oppositionelle und regierungskritische Politiker und selbst Anwälte. Details aus den Abhöraktionen wurden an Regierungsmedien durchgestochen, die damit Oppositionspolitiker diskreditierten. Gekauft wurde die extrem teure Software, mit der man unbemerkt die Kontrolle von fremden Smartphones übernehmen kann, über Mittelsmänner aus einem Fonds des Justizministeriums, der eigentlich der Verbrechensverhütung und der Entschädigung von Verbrechensopfern dienen sollte, de facto aber als schwarze Kasse für Ziobros Partei diente. Ziobro und der Geheimdienst hatten ein kleines Detail übersehen: Die abgehörten Daten liefen über eine israelische Cloud, was die ganze Angelegenheit juristisch zu Hochverrat machte: Sie hatten einer ausländischen Firma, die zum israelischen Sicherheitsapparat gehörte, Abhördaten über polnische Bürger zur Verfügung gestellt. Und kurz bevor die Sache 2022 ans Licht kam, hatten sie noch einmal die Strafen für Hochverrat und Spionage erhöht.

Die Pegasus-Affäre kam ans Licht, weil ein IT-Lab, das mit Amnesty-International zusammenarbeitete, die Spionagesoftware identifiziert hatte und weil Apple begann, die Besitzer der infizierten Smartphones zu informieren und es in Polen noch genügend von der Regierung unabhängige Medien gab, die die Öffentlichkeit darüber in Kenntnis setzen konnten. Denn mit ihren Versuchen, oppositionelle Medien gleichzuschalten, hatte die PiS ebenfalls krachend Schiffbruch erlitten. 2015 hatte sie die staatlichen Radio- und Fernsehsender übernommen, bis zum Pförtner hinunter gesäubert und danach mit Parteisoldaten besetzt, die zwar regierungstreu, aber inkompetent und zum Teil strohdumm waren. Indem sie ihre Sender und Redaktionen in tumbe Propaganda-Trompeten verwandelt hatten, sorgten sie dafür, dass die Zuhörer und Zuschauer zu privaten Medien abwanderten, die besten Journalisten freiwillig zur privaten Konkurrenz gingen (wer es nicht tat, wurde später sowieso entlassen) und bei den staatlichen Medien die Werbeeinnahmen einbrachen. 2016 hatte die Regierung Szydło versucht, über den staatlichen Versicherungsgiganten PZU und einige Investmentfonds die Kontrolle über die Aktien des Agora-Konzerns zu übernehmen, der das oppositionelle Flaggschiff *Gazeta Wyborcza* herausgibt. Sie scheiterte daran, dass der US-Milliardär, Philanthrop und Orbán-Gegner George Soros ein größeres Agora-Aktienpaket übernahm. Mit dem Versuch, den vom US-Konzern *Discovery Channel* übernommenen Privatsender *TVN* und dessen Nachrichtenkanal zu übernehmen, scheiterte PiS am Widerstand der US-Regierung, die Duda dazu brachte, sein Veto gegen das entsprechende Gesetz einzulegen.

Um ihre gleichgeschalteten Fernseh- und Rundfunkkanäle vor dem Zusammenbruch zu retten, pumpte PiS jahrelang Milliarden in den staatlichen TV- und Rundfunkkonzern. Die Werbekunden wanderten zur privaten Konkurrenz ab, die aufblühte; sie konnte die besten Journalisten übernehmen und mit den zusätzlichen Werbeeinnahmen expandieren. 2021 kaufte dann der staatliche Ölkonzern Orlen, den die PiS bereits 2016 übernommen hatte, die polnischen Medien der Neuen Passauer Presse auf, säuberte die Redaktionen und besetzte sie mit Parteisoldaten. Jarosław Kaczyński, auf dessen Geheiß Orlen-Chef Daniel Obajtek (vor 2015 war er Dorfbürgermeister in der Provinz gewesen) einen dreistelligen Millionenbetrag an die Passauer überwiesen hatte, erhoffte sich damit mehr Einfluss bei Kommunal- und Regionalwahlen. Er hatte übersehen, dass die Passauer auf dem absteigenden Ast waren und die Digitalisierung weitgehend verschlafen hatten – die Transaktion war für sie vorteilhafter als für Orlen, und auf die Umwandlung der eher apolitischen Internetdienste, Regional- und Lokalzeitungen in PiS-Propaganda-Trompeten sollten die Leser genauso reagieren, wie auf die Übernahme von Fernseh- und Radioredaktionen.

In kaum einem Bereich erlitt die PiS so krachend Schiffbruch wie in der Außenpolitik. 2015 wurde Witold Waszczykowski Außenminister, ursprünglich ein Karrierediplomat, der sich mit dem konservativ-liberalen Außenminister Radoslaw Sikorski überworfen hatte und dann, getrieben von Frustration und Rachegelüsten, in die Politik gegangen war. Launisch, ständig schlechtgelaunt und frustriert, beleidigte er seine Gesprächspartner persönlich und auf Twitter in einem Maße, das selbst in der PiS-Führungsriege Naserümpfen hervorrief. Er war das exakte Gegenteil eines Diplomaten, er hatte eine denkbar schwache Stellung in der Partei, und er wehrte sich nicht dagegen, dass ihm die Partei den Ast absägte, auf dem er saß. In den acht Jahren PiS-Herrschaft wurde das Außenministerium ausgenommen wie eine Weihnachtsgans. Es wurde mehrfach gesäubert, zuerst von Anhängern der alten Regierungskoalition, dann von Menschen, die irgendeinen Studien-Aufenthalt in Russland im Lebenslauf hatten. Erfahrene Diplomaten, denen man nicht traute, die man aber auch nicht entlassen konnte, wurden weiße Elefanten: Sie kamen täglich zur Arbeit, erhielten aber keinerlei Arbeitsaufträge. Oder sie wurden ins Archiv versetzt. Viele wanderten ab in die Wirtschaft, arbeiteten für ausländische Vertretungen in Warschau oder gingen in den NGO-Sektor. Marek Prawda, den Vertreter Polens bei der EU, feuerte das Außenministerium bereits 2016, worauf ihn die EU-Außenbeauftragte Federica Mogherini zum EU-Botschafter in Warschau ernannte. Bis zu seinem Ausscheiden dort behandelte ihn die Regierung in Warschau wie einen Aussätzigen.[8] Wie viele der aus dem Außenministerium entlassenen Diplomaten danach begannen, für nicht-westliche und Polen nicht-freundlich gesinnte Regime zu arbeiten, wird man nie erfahren. Die Geheimdienste interessierte das nie, sie waren damit beschäftigt, sich gegenseitig und die politische Opposition zu bespitzeln. So wirkten die Säuberungen wie eine Negativ-Auswahl: Die besten Fachleute gingen von selbst, wenn im Parlament mal wieder eine Gesetzesnovelle zur Durchleuchtung des Außenministeriums diskutiert wurde. Sich dort zu bewerben, lohnte sich nur für Kandidaten, die sogar auf dem boomenden Warschauer Arbeitsmarkt chancenlos waren. Schließlich zog Ministerpräsident Morawiecki die Europapolitik ganz an sich und übernahm die entsprechenden Abteilungen in sein Amt, während Präsident Duda sich auf die Nicht-EU-Diplomatie fokussierte. Das Außenministerium verwaiste buchstäblich: Selbst gut dotierte Stellen konnten nicht mehr besetzt werden, die Einstellungskriterien wurden so gesenkt, dass selbst Botschafter keine zweite Fremdsprache mehr sprechen können mussten. Als 2021 die Migrationskrise an der belarussischen Grenze begann und Polen schnell die Zustimmung der Herkunftsländer der Migranten für Rückführungen brauchte, stellte sich heraus, dass es in den meisten Herkunftsländern schon lange keine polnischen Botschaften oder keine Botschafter Polens mehr gab.

Vier Jahre lang hatte PiS zu patriotischer Marschmusik und nationalistischer Rhetorik erst das Land geschrumpft und dann sich selbst Sand ins Getriebe gestreut. Es schien, als wollte PiS in einer kollektiven Anstrengung die Fredo-Szenen aus *The Godfather* nachspielen: Je mehr man sich aufplusterte, desto heftiger fiel man über die eigenen Füße.

Das „Genie"

Aus Gründen, die sich mir vollkommen verschließen, betrachteten selbst regierungskritische Intellektuelle und Wissenschaftler Jarosław Kaczyński nach seinem Wahlsieg von 2015 als eine Art Genie. Als solches – und als letzte Instanz in allen wichtigen Fragen der Politik – sahen ihn natürlich seine Anhänger. Seine Partei hat eigentlich wenige Mitglieder, was sie von anderen polnischen Parteien aber nicht unterscheidet. Das polnische Parteiensystem gleicht eher dem Frankreichs als dem deutschen: politische Klubs, die um einen charismatischen Anführer herum gegründet werden, schnell wieder zerfallen können und sich meist danach ausrichten, wer die Präsidentenwahl gewonnen hat. Die PiS verfügt aber über eine Ressource, die andere Parteien nur in viel geringerem Ausmaß haben: Sie hat Gläubige, die von den Lippen ihres Messias Wahrheit und Weisheit saugen. Allerdings sind diese Kaczyński-Jünger meist schlecht ausgebildet, in der (östlichen und südöstlichen) Provinz verstreut, verdienen wenig Geld (oder sind Rentner oder Arbeitslose) und über 50 Jahre alt und damit nur schwer zu mobilisieren. Aus der Sicht der PiS ist das nicht weiter schlimm, denn es gibt sehr viele davon. Auch Polen ist eine schnell alternde Gesellschaft. Außerdem kann Kaczyński seinen Jüngern jede noch so krachende Niederlage als leuchtenden Sieg verkaufen (was er mehr als einmal auch tat). Ich kenne ihn persönlich nicht, habe aber seinen Werdegang seit den achtziger Jahren verfolgt. Bevor er die Doppel-Wahlen 2015 gewann, hatte er für seine erste Partei, die Zentrumsallianz, eine Niederlage nach der anderen eingefahren. An Regierungen war sie nur vorübergehend und als Juniorpartner beteiligt. In den neunziger Jahren waren die Kaczyński-Brüder bei ihren politischen Partnern und Gegnern für ihre Intriganz berüchtigt – sie pflegten solange Verschwörungen und Intrigen anzuzetteln, bis sie alle um sich herum vergrätzt hatten und dann einsam und allein auf dem Schlachtfeld zurückblieben. Zwischen 1993 und 1997 verschwand ihre Partei sogar ganz aus dem Parlament.

2005 brachten die Zwillingsbrüder eine exotische, radikale Koalition mit der „Bauernselbstverteidigung“ und der nationalistischen und erzkatholischen „Liga der polnischen Familien“ zustande, die innerhalb von zwei Jahren wegen Geheimdienstintrigen, Korruptionsaffären und Inkompetenz zerplatzte, was die PiS für acht lange Jahre auf die Oppositionsbänke verbannte. Ihre Regierung zerbrach, obwohl sie mit Lech Kaczyński einen ihr sehr wohlgesinnten Präsidenten hatte, mit dem Kompromisse unnötig waren, und ein Jahr war sogar dessen Zwillingsbruder Jarosław Ministerpräsident. Regierungspolitik war damit gewissermaßen eine Familienangelegenheit – aber nicht einmal das bewahrte die Brüder davor, nach zwei Jahren schmachvoll aus dem Amt gejagt zu werden. Die Brüder und der verschworene Kreis um sie herum dachten meist immer nur einen Schritt im Voraus – und ohne die Folgen ihres Handelns und die Reaktionen von Akteuren, die von ihnen unabhängig waren, zu berücksichtigen.

Nichts illustriert das besser als die Wahlen von 2019. PiS gewann sie, und es war der größte Sieg, den Kaczyński in seiner ganzen politischen Karriere verbuchen konnte. Aber gleichzeitig waren sie der Anfang vom Ende.

Was in Deutschland als PiS bekannt ist, ist eigentlich ein Konglomerat mit Namen „Vereinigte Rechte". Es besteht aus der Partei PiS, *Prawo i Sprawiedliwość* („Recht und Gerechtigkeit") und zwei kleineren Parteien, der wirtschaftsliberalen *Polska Razem* (die sich später in „Verständigung" umbenannte und dann zerfiel) des Krakauer katholischen Intellektuellen Jarosław Gowin und der rabiatnationalistischen *Solidarna Polska* (Solidarisches Polen, die sich 2023 in einem Anfall von Pathos und Größenwahnsinn in „Souveränes Polen" umbenannte) von Zbigniew Ziobro. Die beiden Kleinstparteien durften ihre Kandidaten in Wahlkreisen, in denen sie Chancen hatten, gewählt zu werden, in die PiS-Liste kooptieren. Dadurch entgingen sie der Fünf-Prozent-Hürde und die „Vereinigte Rechte" entging der Acht-Prozent-Hürde für Parteienkoalitionen. Dafür würden beide Kleinstparteien keine Wahlkampfkostenerstattung bekommen – sondern nur PiS, der Hegemon der „Vereinigten Rechten". So war das auch 2019. Nach einem müden Wahlkampf erhielt die „Vereinigte Rechte" mehr Stimmen als je zuvor: über 8 Millionen und damit 2,3 Millionen mehr als vier Jahre früher. Dieses Mal marginalisierte sich die Linke allerdings nicht mehr selbst, sondern trat in einem Block an und kam ins Parlament. Und so erhielt die „Vereinigte Rechte“ mit über 43 Prozent der Stimmen nur noch eine knappe absolute Mehrheit im Sejm – und verlor die Mehrheit im Senat, wo die Opposition als ein Block angetreten war. Das war für die „Vereinigte Rechte“ nicht weiter schlimm. Denn anders als der Präsident oder das Verfassungstribunal hat der Senat kein Vetorecht bei der Gesetzgebung. Aber Kaczyński hatte bei der Vergabe der Wahlkreiskandidaturen nicht aufgepasst – nach der Wahl hatte plötzlich jede der beiden Kleinstparteien eine Sperrminorität innerhalb der „Vereinigten Rechten“ – für eine eigene Parlamentsmehrheit brauchte die Regierung fortan die Abgeordneten aller beider Kleinstparteien. Und die wussten das genau.

Vom Regen in die Traufe

Und dann geschah sehr viel auf einmal. Anfang 2020 sprang die COVID-19-Epidemie in China auf den Rest der Welt über. Fast überall reagierten die Regierungen mit Kontaktbeschränkungen und Lockdowns, schlossen Schulen und Kindertagesstätten und evakuierten ihre Bürger aus dem Ausland. Das Auswärtige Amt und die Lufthansa organisierten damals die größte Luftbrücke, die Deutschland je erlebt hatte: Tausende Flugzeuge flogen leer ins Ausland um EU-Bürger zurückzuholen. Mir gelang damals der Rückflug mit einem der letzten Linienflüge aus Kapstadt. Nach Warschau kam ich nicht mehr, denn die Regierung dort hatte die polnischen Flughäfen komplett geschlossen und wunderte sich nun über einen 70 Kilometer langen Rückstau an der Grenze in Frankfurt/Oder, wo ihre gestrandeten Bürger versuchten, per Auto, Bus und Bahn zurück nach Polen zu kommen. Die

Maßnahme war typisch für alles, was in den nächsten Monaten kommen sollte: Vor die Wahl gestellt, smart oder brutal zu reagieren, reagierte die Regierung Morawiecki grundsätzlich brutal, selbst wenn das Problem, das sie lösen wollte, dadurch noch schlimmer wurde. Polens Gesundheitssystem war unterfinanziert und schwach, die Gesundheitsämter konnten bald weder die Quarantäne-Befehle noch die Krankmeldungen verarbeiten. Also verfügte der Gesundheitsminister eine Erhöhung der COVID-Bettenzahl, die hilflosen Krankenhausdirektoren ließen einige Matratzen mehr in ihre Abstellkammern werfen und deklarierten sie dann als COVID-Betten. Ambulanzen, die wegen der Überlastung der Notaufnahmen und Intensivstationen keine Abnehmer für ihre Schwerkranken mehr fanden, fuhren durch die Gegend, bis ihre Patienten tot waren. Weil es nicht genug Tests, keine FFP-2 Masken und nicht genug Beatmungsgeräte gab, kauften sich wohlhabendere Polen das alles selbst. Je länger die Pandemie dauerte, desto mehr zog sich der Staat zurück und überließ es den Bürgern, mit der Pandemie fertig zu werden. Am Ende hatte Andrzej Normalverbraucher eigene Tests, einen eigenen (über einen befreundeten Arzt vermittelten) Zugang zum IT-System, mit dem er sich selbst in Quarantäne schicken und krankschreiben konnte und aus dem Ausland importierte FFP-2 Masken.

Unterdessen posierte Ministerpräsident Mateusz Morawiecki auf dem Warschauer Flughafen vor „dem größten Transportflugzeug der Welt“, mit dem die Regierung sieben Millionen chinesische Schutzmasken importierte, die allerdings nicht die erforderlichen Zertifikate hatten und später eingestampft werden mussten. Beatmungsgeräte kaufte die Regierung gegen Vorauszahlung von einem früheren Agenten der kommunistischen Geheimpolizei, der das Geld nahm, die Umsatzsteuer hinterzog und die Geräte nie lieferte, bevor er unter ungeklärten Umständen in Albanien das Zeitliche segnete. Schließlich erklärte die Regierung die Pandemie einfach für beendet, stellte das Testen ganz ein und hob alle Kontakt-Beschränkungen auf. Da hatte Polen eine Übersterblichkeit, die die der USA in den Schatten stellte. In manchen Wochen waren sogar die Beerdigungsinstitute und Friedhöfe überlastet gewesen. Nach jahrelangem kräftigem Wirtschaftswachstum war nun auch Polen in einer Rezession.

Mitten in die Pandemie und noch bevor ein Impfstoff verfügbar war, waren die Präsidentschaftswahlen im Frühjahr 2020 fällig. Nach bis dahin geltendem Recht musste in Wahllokalen abgestimmt werden, Briefwahl war möglich, aber die Ausnahme von der Regel; selbst im Ausland konnten polnische Staatsbürger nur in ihren Konsulaten, aber nicht per Briefwahl abstimmen. Die Opposition trat gegen Amtsinhaber Andrzej Duda mit der stellvertretenden Sejm-Präsidentin Malgorzata Kidawa-Błońska an, die bereits 2019 Spitzenkandidatin bei den Parlamentswahlen gewesen war. Sie war in der Partei, aber nicht bei den Wählern beliebt und hatte wenig Chancen, eine über ihre Partei, die Bürgerplattform, hinausgehende Wählerschaft anzusprechen. Im Wahlkampf gelang es Opposition und Medien zum ersten Mal seit 2015 wieder, die Meinungsführerschaft in der öffentlichen Debatte zu übernehmen und der Öffentlichkeit und der Regierung einzureden, Abstimmungen in Wahllokalen müssten zu einer neuen Ansteckungswelle führen. Kidawa-Błońska rief schließlich sogar zum Wahlboykott auf (zog ihre Kandidatur aber nicht zurück), in Umfragen sank die Wahlbeteiligung auf 17 Prozent der Wahlberechtigten. Duda würde gewinnen, aber auf eine Art und Weise, die seine Legitimität stark zu unterminieren drohte. Die Regierung hätte das Problem leicht lösen können, indem sie den von der Opposition und zahlreichen Experten geforderten Ausnahmezustand ausrief, um dann ganz legal den Wahlgang zu verschieben. Aus Gründen, die nie dargelegt wurden, lehnte sie das hartnäckig ab und peitschte stattdessen ein Gesetzespaket durchs Parlament, mit dem die komplette Umstellung der Wahl auf Briefwahl ermöglicht werden sollte. Statt der davon überforderten Wahlkommission sollte die Polnische Post – ein hochsubventionierter maroder Staatsbetrieb, den die Regierung in ein Vertriebsnetz für nationalistischen Kitsch und katholische Propaganda verwandelt hatte – die Wahl durchführen, die notwendigen Information aus dem Wählerregister sollten die Gemeinden zur Verfügung stellen. Damit brach die PiS wieder einmal die Verfassung, um Rechtsakte niedrigeren Ranges wie die Wahlordnung einhalten zu können. Und sie scheiterte: Ein Teil der Abstimmungskarten ging verloren. Schließlich verfügte die Wahlkommission, die Wahllokale würden geschlossen bleiben und die Wahl könne daher nicht stattfinden. Post und Regierung schoben sich gegenseitig die Rechnung für die knapp 16 Millionen Euro, die das Drucken der Briefwahlunterlagen gekostet hatte, zu. Die Regierung wollte sie nicht bezahlen, die Post konnte es nicht.

Parlamentspräsidentin Elzbieta Witek setzte Neuwahlen für den Juni an. Dafür konnte die Bürgerplattform mit dem Warschauer Oberbürgermeister Rafał Trzaskowski einen neuen Kandidaten aufstellen, der Duda dann mit 48 zu 52 Prozent unterlag.

Kaczyński hätte eigentlich auf dem Höhepunkt seines Erfolgs sein müssen: Er hatte die Wahlen von 2019 gewonnen, die Wiederwahl Dudas gesichert, das Verfassungstribunal komplett übernommen. Stattdessen knirschten sämtliche Balken seiner Konstruktion. Die kleine liberalkonservative Gowin-Partei hatte Kaczyński in der Frage des Wahltermins eine Art Ultimatum gestellt und damit zur Verschiebung der Wahl beigetragen. Die rabiat-nationalistische Partei von Justizminister Ziobro versuchte dagegen, ihre Position unter Polens Rechtsradikalen zu festigen: Betont großspuriges Auftreten in der Regierung sollte die Partei befähigen, unabhängig von PiS bei Wahlen antreten zu können, ohne an der Fünf-Prozent-Hürde zu scheitern. Das wiederum trieb die PiS dazu, unter der Hand noch radikalere und rabiatere Gruppierungen zu subventionieren, um den rechtsradikalen Rand in Polen zu zersplittern – offenbar ein Rat Orbáns, dem das mit der rechtsradikalen Jobbik-Partei in Ungarn nicht gelungen war. Um seine Forderungen durchzusetzen, lieferte sich Ziobro mit der PiS einen Kleinkrieg, der eines Mafia-Films würdig gewesen wäre: Er ließ die Staatsanwaltschaften Material gegen andere Regierungsmitglieder sammeln, die er damit unter Druck setzen konnte. Daraufhin versuchte die PiS-Führung eine Amnestie-Regelung in die Pandemie-Gesetzgebung zu schmuggeln, die Ziobros „Kompromate“[9] wertlos gemacht hätte – sie scheiterte aber am Widerstand von Opposition und Öffentlichkeit, die den Trick durchschauten. Warum die PiS-Mehrheit im Parlament ein ums andere Mal Ziobros Gesetzentwürfen für weitere Verschärfungen des Strafgesetzbuches zustimmte, wird wohl ein Geheimnis der PiS-Parteiführung bleiben, die sich so dem cholerischen Justizminister immer weiter auslieferte und – was damals noch niemand ahnte – der neuen Regierung unter Donald Tusk oft erst die Rechtsgrundlage dafür lieferte, Korruption und Vetternwirtschaft viel härter zu bestrafen, als dies zuvor möglich gewesen war. Acht Jahre lang bastelte die PiS so – wie ein polnisches Sprichwort sagt – an der Peitsche, mit der ihre Nachfolger sie dann prügeln konnten.

Schon kurze Zeit nach den beispiellosen Wahlerfolgen von 2019 und 2020 war die Regierung Morawiecki eigentlich bereits eine Minderheitsregierung, die sich ihre Parlamentsmehrheiten von Fall zu Fall zusammensuchen musste. Schuld daran war die EU bzw. die Kurzsichtigkeit, mit der sich die PiS selbst den Brüsseler Institutionen ausgeliefert hatte. Und das kam so:

Die Corona-Hilfen der Regierung Morawiecki waren kreditfinanziert und im europäischen Vergleich eher bescheiden. Schon damals zahlte die Regierung für ihre Schuldverschreibungen mehr als Griechenland – zu viele der von den Vorgängerregierungen angesammelten Reserven waren für Gießkannen-Subventionen und durch Misswirtschaft aufgebraucht worden. Durch den Streit um die Rechtsstaatlichkeit waren viele in Brüssel misstrauisch geworden: Als die EU in der Pandemie ihren Wiederaufbaufonds auflegte, stellte sie eine erkleckliche Anzahl von Vorbedingungen, die sich zum Teil lasen wie eine Verkehrung des PiS-Parteiprogramms in sein Gegenteil: Investiert werden sollte das Geld in den ökologischen und klimafreundlichen Umbau der Wirtschaft, in die Aufforstung polnischer Wälder, die von den PiS-Landwirtschaftsministern systematisch abgeholzt worden waren. Polen sollte Autos mit Verbrennungsmotoren höher besteuern und mehr Mautgebühren für die überwiegend mautfreien polnischen Autobahnen und Schnellstraßen erheben, den Zugang von Frauen zum Arbeitsmarkt verbessern und – das Renteneintrittsalter erhöhen. Das war eine Forderung, mit deren Ablehnung Präsident Duda schon 2015 den Wahlkampf gewonnen hatte, nachdem die vorherige Koalition eine solche Erhöhung vorgenommen hatte. Im Wahlkampf 2023 würde Morawiecki den Oppositionsparteien regelmäßig vorwerfen, eine Anhebung des Renteneintrittsalters zu planen, wobei er verschwieg, dass er sich genau dazu gegenüber der EU-Kommission verpflichtet hatte. Eine Vorbedingung für Polen, in der Eurokraten-Sprache Meilenstein genannt, hatte es besonders in sich: die Abschaffung der Disziplinarkammer beim Obersten Gerichtshof. Fiel sie weg, konnten Polens Richter wieder ohne Angst vor Repressalien Vorabanfragen an den EUGH stellen und die Rechtmäßigkeit der Ernennung von Kollegen überprüfen. Die Abschaffung griff außerdem in die Kompetenzen des Präsidenten ein, der am Aufbau der Kammer mitgewirkt hatte. Für Morawicki besonders schmerzhaft: Jahrelang hatte seine Regierung enorme, nicht genau bezifferbare und kreditfinanzierte Teile des Staatshaushaltes in externe Fonds überführt, um die polnischen verfassungsrechtlichen und EU-rechtlichen Gegenstücke zur deutschen Schuldenbremse einhalten zu können und die entsprechenden Mittel vor den neugierigen Blicken der Opposition und der Kontrolle des Parlaments zu schützen. Nun verlangte die EU-Kommission die Anwendung der EU-Fiskalregeln auch auf diese Mittel: Das polnische Parlament würde weiterhin keine Kontrolle darüber haben, aber die EU-Kommission durchaus.

Mit dem Rücken zur Wand stehend unterschrieb Morawiecki alles, was ihm da in Brüssel vorgelegt wurde. Er setzte sich damit gegen Ziobro durch, der den Wiederaufbaufonds sogar zusammen mit Ungarn per Veto hatte blockieren wollen (was allerdings nur dazu geführt hätte, dass sich Polen und Ungarn selbst als Empfängerländer ausgeschlossen hätten). Ohne Ziobro fehlte ihm allerdings die notwendige Parlamentsmehrheit. Die hätte die Opposition liefern können – die Linke ließ sich dazu sogar breitschlagen. Doch ein ums andere Mal gelang es den EU-Gegnern in der Regierung, bei der parlamentarischen Verhandlung des Fonds neue Stolpersteine auszulegen. Erst war es eine Erhöhung des Mindestabstands für Windkrafträder, dann das Veto des Präsidenten gegen die Abschaffung der Disziplinarkammer im Obersten Gerichtshof. Am Ende fand sich Morawiecki in einer unmöglichen Lage: Polen bürgte anteilsmäßig zwar für den kreditfinanzierten Teil des Wiederaufbaufonds, den andere Mitgliedsländer in Anspruch nahmen, hatte aber selbst nichts davon.

Und zusätzlich dazu verabschiedeten EU-Rat und Parlament 2020 auch noch eine Neuregelung zur Rechtsstaatlichkeit, die es der EU-Kommission ermöglichte, alle direkten Transferleistungen[10] zu blockieren, wenn ein Mitgliedsland keine rechtsstaatliche Verwendung und Abrechnung mehr garantieren konnte. Es war, als habe man das Artikel-7-Verfahren (das am Ende Einstimmigkeit für Sanktionen verlangt), in einen gewöhnlichen Rechtsakt verwandelt (der mit qualifizierter Mehrheit angenommen und angewendet werden kann). Weder Polen noch Ungarn konnten das blockieren. Sie versuchten, die Annahme mit sachfremden Blockaden zu verhindern, scheiterten aber erneut. Sie klagten und verloren erwartungsgemäß vor dem EUGH. Bis 2023 hatte die Regierung Morawiecki bereits die Rekordsumme von knapp 370 Millionen Euro an Strafen des EUGH angesammelt.[11] Nun drohte auch ein Totalverlust der EU-Struktur- und Kohäsionsfonds.

Mit anderen Worten: Wenn die Regierung Morawiecki an das dringend benötigte EU-Geld herankommen wollte, ohne das sie wenig Aussichten auf einen Wahlsieg 2023 haben würde, musste sie ihre Justizreform rückgängig machen und auf wesentliche Teile ihres Programms verzichten. Und dazu wiederum musste sie ihren Justizminister entmachten und damit ihre Parlamentsmehrheit aufgeben.

Rein theoretisch gab es eine ganze Reihe von Möglichkeiten, aus dieser Bredouille zu kommen: Die PiS konnte Ziobro und seine Mannen feuern und einen Teil der Opposition in die Regierung holen; damit hätte sie weiterregieren und an die EU-Mittel kommen können, hätte aber auch ein konstruktives Misstrauensvotum von Teilen der anderen Oppositionsparteien mit Ziobros Partei riskiert. Im schlimmsten Fall hätte sie aus der Opposition heraus in den Wahlkampf 2023 gehen müssen. Es kam zu keinem dieser Szenarien. Stattdessen zerstritt sich die faktische Minderheitsregierung Morawiecki auch noch über eine Steuerreform mit der Gowin-Partei, die sich daraufhin spaltete. Und irgendwo bei dieser galoppierenden Selbstauflösung der Regierung kam die nächste Krise um die Ecke, auf die die Regierung nicht vorbereitet war, weil sie wieder einmal die Zeichen an der Wand ignoriert hatte.

2020 brach nach offensichtlich gefälschten Wahlen in Belarus ein monatelanger Aufruhr aus, den der dortige Präsident Aleksandr Lukaschenko brutal niederschlagen ließ. Das sicherte ihm die Macht, isolierte ihn aber im Westen und schubste ihn vollständig in die Arme Russlands. Tausende, meist junge Demonstrantinnen und Demonstranten, die wochenlang gegen die Wahlfälschung und für Lukaschenkos Gegenkandidatin Swetlana Zichanouskaja auf die Straßen gegangen waren, verschwanden in den Kerkern der Geheimpolizei oder flohen ins Ausland. Ein Jahr später zwang die belarusische Luftwaffe eine von Griechenland nach Litauen fliegende Ryanair-Maschine zur Landung in Minsk und kidnappte einen der Passagiere, den IT-Unternehmer Roman Protasević, der mit dem News- und Kommunikationskanal NEXTA dafür gesorgt hatte, dass sich die Protestierenden leicht und anonym vernetzen konnten. Als Reaktion auf die Entführung verlor die belarusische Luftlinie Belair das Landerecht in der EU, den USA, Großbritannien und Kanada. Eigentlich hätte sie das in den Konkurs treiben müssen, doch das Lukaschenko-Regime fand eine Marktnische: Passagiere aus aller Welt, die eigentlich gar nicht nach Belarus reisen wollten. Lukaschenko verwandelte seine Luftfahrtgesellschaft in eine Schlepperbande für Migranten aus dem Irak, Afrika, Syrien und Afghanistan.

Für Polen war das eine Katastrophe mit Ansage. Monate bevor die ersten ausgezehrten Iraker durch die Dörfer im polnischen Osten stolperten, hatte bereits Litauen über vermehrte illegale Grenzübertritte aus Belarus geklagt. Die Ankömmlinge wurden teilweise zurückgeschoben nach Belarus (sogenannte Push-backs, die illegal sind), zum Teil landeten sie in heruntergekommenen Flüchtlingsunterkünften, in denen niemand wusste, was er mit den Migranten anfangen sollte. Die litauischen Behörden hatten hilflos agiert, die polnischen taten es so, wie man es von PiS erwarten konnte: Sie nahmen einen Hammer, schlugen drauf und wunderten sich dann, was alles dabei kaputtging.

Während der gesamten Pandemie hatte sich die Regierung geweigert, den Ausnahmezustand auszurufen, ohne das je zu begründen. Er hätte es möglich gemacht, die Präsidentschaftswahlen von 2020 legal zu verschieben, stattdessen verschob die Regierung sie wie beschrieben unter Bruch der Wahlordnung, der Verfassung und einer Reihe anderer Gesetze. Es hätte Eingriffe in die Privatsphäre und die Bürgerrechte ermöglicht, die die Regierung stattdessen mit Hilfe von Verordnungen vornahm, die gegen bestehende Gesetze und die Verfassung verstießen. Ein ums andere Mal brach die Regierung die Verfassung, um Gesetze und Regeln von niedrigerem Rang einzuhalten, wie eine Bande komödiantischer Räuber, die eine Bank überfallen, aber dabei um keinen Preis gegen die Straßenverkehrsordnung verstoßen wollen.

Aber als an der belarusischen Grenze die ersten Einwanderer aus Lukaschenkos Schlepper-Operation auftauchten, verhängte sie den Ausnahmezustand über das Grenzgebiet, ruinierte damit auf einen Schlag den Fremdenverkehr in ihren dortigen Wählerhochburgen, militarisierte die Grenze durch das Entsenden von überforderten regulären Armeeeinheiten und demoralisierte den Grenzschutz, indem sie ihm auftrug, die Migranten über die Grenze zurückzuprügeln. Das war alles wirkungslos: Ungefähr drei Viertel aller Migranten kamen trotzdem durch bis Deutschland, wohin sie eigentlich ja auch wollten, und füllten die Flüchtlingslager in Brandenburg.[12] Das lag nach Angaben von Insidern daran, dass viele Grenzwächter einfach wegsahen, wenn sie Migranten entdeckten, um sich nicht schuldig zu machen, während andere sich von den Migranten schmieren ließen. Es war eine gigantische Augenwischerei, die da ablief: Die Beamten prügelten ostentativ auf einzelne Gruppen ein, um damit der Öffentlichkeit (in Polen und der EU) zu beweisen, wie heftig die polnische Regierung gegen illegale Einwanderung vorging, während hinter ihrem Rücken die meisten der Migranten ihre Ziele im Zentrum des Schengenraums problemlos erreichten.

Dann hob die Parlamentsmehrheit den Ausnahmezustand wieder auf, übernahm seine Bestimmungen aber in ein Gesetz, das es dem Innenminister übertrug, die Maßnahmen des Ausnahmezustands per Verordnung weiterlaufen zu lassen und begann – ohne öffentliche Ausschreibung und ohne parlamentarische Kontrolle – mit dem Bau einer Mauer, die den von Militärfahrzeugen plattgefahrenen Urwald, sofern er die Abholzung von 2016 überlebt hatte, endgültig ruinierte. Einzelne Regierungsmitglieder wurden regelrecht hysterisch. Auf einer Pressekonferenz präsentierte Innenminister Mariusz Kaminski Bilder von einem angeblich bei einem Flüchtling konfiszierten Smartphone, die beweisen sollten, dass es sich bei den Flüchtlingen nicht nur um Kriminelle und mögliche Terroristen, sondern sogar um Zoophile handelte, also um Menschen, die Sex mit Tieren haben.

Der Anlass für diese Panikattacken war denkbar klein: Monatlich kamen an der belarussischen Grenze ein paar hundert Migranten an, während die Zahl derer, die pro Monat über das Mittelmehr (aber nicht über Polen) kamen, in die Zehntausende ging. Das lag auch daran, dass Lukaschenko auf eigene Faust und ohne russische Unterstützung handelte. Während die EU Druck auf Herkunfts-

und Transitländer machte, damit diese die Flüge nach Minsk unterbanden, hatte Russland die Flugverbindungen aus Damaskus über Moskau unterbrochen. In Moskau war man von Lukaschenkos Alleingang eher peinlich berührt, wollte den Verbündeten aber auch nicht öffentlich bloßstellen. Das änderte sich nach dem 22. Februar 2022, als russische Truppen ihre Ukraine-Invasion aus Belarus, dem Donbass und der Krim begannen. Nun schaufelten auch die sanktionsgeschüttelten russischen Luftfahrtlinien Migranten aus aller Herren Länder in Richtung polnische und litauische Grenze und nach Finnlands NATO-Beitritt auch nach Finnland.

Die Panikreaktion auf die im europäischen Vergleich winzige Migrationskrise war übertrieben, chaotisch und vollkommen unprofessionell, und sie hatte für manche der Betroffenen tragische Folgen. Der Ausnahmezustand hatte das Grenzgebiet nicht nur in eine Sperrzone verwandelt, sondern für die schwächeren und ärmeren der Migranten auch in eine Todeszone. Abgeschottet von Journalisten und Flüchtlingshelfern konnten Grenzschutz und Armee tun, was sie wollten. Per Verordnung des Innenministeriums wurden sogar die Push-backs legalisiert – wieder eine Verordnung, die dem Ausländergesetz und der Verfassung widersprach. Trotz der faktischen Nachrichtensperre drangen aber immer mehr Informationen nach draußen über Migranten, die im Urwald verhungert, verdurstet, erfroren oder an Auszehrung gestorben waren, die vom Grenzschutz statt in ein Krankenhaus zurück an die Grenze gebracht und über den Zaun geworfen oder sogar aus dem Krankenhaus entführt und ins Moor getrieben worden waren. Da die meisten muslimischen Glaubens waren, beschloss die winzige sunnitische

Tatarengemeinde an der belarusischen Grenze, die sich dort zu Zeiten des Polnisch-Litauischen Reiches angesiedelt hatten, sie auf ihrem Friedhof zu bestatten. Manche Gräber sind bis heute namenlos. Für große Teile der nichtnationalistischen Öffentlichkeit (darunter auch die Kirchen) war die unnachgiebige Verfolgung von Menschen, die vom Lukaschenko-Regime unter falschen Angaben in eine Falle gelockt worden waren, ein moralischer Tabu-Bruch. Er unterschied sich nicht sonderlich von Aktionen griechischer Grenzschützer, die Migrantenboote ignoriert, zurückgestoßen oder sogar zum Kentern gebracht hatten, oder von kroatischen Grenzern, die Flüchtlinge auf der Balkanroute nach Bosnien zurückprügelten. Aber die Debatte darüber hatte in Polen nur in kleinen Kreisen von Menschenrechtlern, Flüchtlingsanwälten und Experten stattgefunden; für die Öffentlichkeit war es ein Schock, dass uniformierte Polen an der Grenze auf irakische Familien einprügelten, um sie zurück in eine Diktatur zu jagen. Trotzdem ist es schwer zu sagen, ob die Aktion PiS schadete. Die Umfragen dazu sind wenig schlüssig; die Propagandaversion, wie sie in den staatlichen Medien verbreitet wurde, traf den Nerv vieler Zuschauer und Leser; in ihr kamen die Migranten nur als „hybride Krieger Lukaschenkos" vor, die illegal über die Grenze kamen, um Polen zu destabilisieren oder es gar zu „islamisieren" – obwohl kein einziger Fall bekannt wurde, in dem Migranten, die über Belarus kamen, in Polen Verbrechen verübt hätten und praktisch keiner von ihnen in Polen bleiben wollte. Die „Operation Grenze" schweißte PiS mit ihren Anhängern enger zusammen, und sie mobilisierte die Gegner der Partei. Beides wirkte sich aber erst mittelfristig aus.

Der Staat ist nach unbekannt verzogen

Alle diese Maßnahmen – von der Einführung des Kindergeldes (und einer dreizehnten und dann sogar vierzehnten Rentenauszahlung) über die Pandemie-Politik bis zur Militarisierung der Grenze mit Belarus und dem Abtreibungsverbot von 2020 (dazu gleich mehr) – haben einen gemeinsamen Nenner, der selbst von vielen PiS-Gegnern übersehen wurde: Sie beruhten auf der systematischen Privatisierung öffentlicher Dienstleistungen und dem schrittweisen Rückzug des Staates aus den betreffenden Bereichen. Das 2016 eingeführte Kindergeld ermöglichte es Familien auf dem Land, den dortigen Mangel an öffentlichem Nahverkehr und anderen staatlichen Dienstleistungen auszugleichen. Natürlich hätte der Staat auch Buslinien finanzieren, mehr Schulen bauen und mehr Lehrer einstellen können – stattdessen verteilte er Geld an die Bevölkerung, die sich dafür Gebrauchtwagen kaufte, mit denen sie ihre Kinder in die Schule fahren konnte. Das Gesundheitswesen war unterfinanziert, unterbesetzt und zentralisiert und brach während der Lockdowns stellenweise zusammen? Statt daran etwas zu ändern, zog sich der Staat noch weiter zurück und überließ es den Bürgern, sich Masken und Beatmungsgeräte zu besorgen, Selbsttests zu machen und – wenn die staatlichen Arztpraxen geschlossen hatten –, sich bei einer der privaten Krankenkassen anzumelden. Die boomen seit Jahren, während staatliche Krankenhäuser schrittweise und heimlich immer mehr Dienstleistungen privatisieren, um der Schuldenfalle zu entkommen. 2016 jagte die PiS-Erziehungsministerin eine Schulreform durch das Parlament, durch die die Mittelschulen abgeschafft und ein zweistufiges Schulsystem mit acht Jahren Grundschule und vier Jahren

Gymnasium eingeführt wurde. Tausende Lehrer wurden entlassen und viele Schulen begannen, Schichtunterricht einzurichten, um der durch die Reform entstandenen Belastung durch doppelte Jahrgänge Herr zu werden. In der zweiten Amtszeit der Regierung Morawiecki versuchte der Schul- und Wissenschaftsminister Przemyslaw Czarnek dann, das Schulsystem und die Universitäten auf den stramm katholisch-nationalistischen Kurs der Regierung zu bringen. Beides – die Schulreform und Czarneks ideologischer Kreuzzug – sorgten dafür, dass die Eltern in den Großstädten ihre Kinder aus den staatlichen Schulen nahmen und in Privatschulen steckten. Jedes Mal, wenn PiS unter bombastischen Slogans von nationaler Einheit, sozialer Solidarität und der angeblichen Verteidigung polnischer Interessen und katholischer Werte eine Reform durchführte, war das Ergebnis ein Rückzug des Staates, die Privatisierung öffentlicher Dienstleistungen und – da die Inanspruchnahme privater Dienstleistungen teuer ist – eine weitere Öffnung der Schere zwischen Arm und Reich, zwischen boomenden Großstädten und abgehängter Provinz (aus der paradoxerweise die PiS hauptsächlich ihre Wähler bezieht).

Während die Abschaffung der Gymnasien noch eine gewisse Unterstützung in der Bevölkerung hatte, gab es für andere Reformen, wie die Justizreform und die Steuerreform von 2021, die in einem unbeschreiblichen Chaos endete, nie eine Mehrheit in Umfragen. Es war dann aber eine einzige Maßnahme, mit der sich PiS endgültig und auf Jahre hinaus das eigene Grab schaufelte: die Verschärfung der Abtreibungsgesetzgebung. Im Oktober 2020 – inmitten der Pandemie, als öffentliche Kundgebungen verboten waren und man in Polen sogar auf der Straße

Masken tragen musste – verkündete das Verfassungstribunal, die medizinische Indikation bei Abtreibungen sei verfassungswidrig[13], und kündigte damit einen „Kompromiss" auf, der seit 1993 in Polen gegolten hatte. Damals hatte ein Verfassungstribunal, das sehr konservativ, aber von der Regierung vollkommen unabhängig war, die soziale Indikation abgeschafft, indem es festgelegt hatte, das in der Verfassung verankerte „Recht auf Leben" gelte nicht erst ab der Geburt, sondern ab der Empfängnis.

Natürlich wählte das Verfassungstribunal, das 2020 bereits völlig unter der Kuratel der Regierung stand und dessen Präsidentin von Zeit zu Zeit für Kaczyński, dem sie ihre steile Karriere verdankte, zuhause kochte, weder den Zeitpunkt noch den Inhalt seiner Entscheidung selbst. Das war, wie er später selbst zu erkennen gab, ein weiterer zweifelhafter Geniestreich Kaczyńskis. Nachdem bereits 2016 hunderttausende Frauen in ganz Polen in schwarzen Kleidern auf die Straße gegangen waren, um gegen eine damals geplante Änderung des Abtreibungsgesetzes zu protestieren (die dann verworfen wurde), konnte Kaczyński damit rechnen, dass es auch dieses Mal zu Protesten kommen würde. Aber die PiS-Regierung hatte gerade eine neue Amtszeit begonnen, wegen der Pandemie waren Menschenansammlungen verboten, es war klirrend kalt und dank des Verfassungstribunals konnte man die ganze Aktion völlig ohne Vorankündigung und öffentliche Debatte durchziehen. Das wurde danach zu einer ebenso einfachen wie effektiven Methode, geltendes Recht zu ändern: Statt aufwendige Novellierungen von geltenden Gesetzen, die der PiS missfielen, durchzusetzen, ließ man die entsprechenden Gesetze einfach vom Verfassungstribunal für verfassungswidrig erklären – ohne Mitwirkung des Parlaments, was die Möglichkeiten der Opposition, die Straße zu mobilisieren, stark einschränkte.

Doch im November 2020 ging dieses Konzept nach hinten los. Tagelang legten aufgebrachte Frauen die Warschauer Innenstadt lahm, die Proteste sprangen in die Provinz über, und Meinungsumfragen zeigten, dass die PiS mit Kaczyńskis Entscheidung selbst ihre Anhänger in Dörfern und Kleinstädten vergrault hatte, nicht zuletzt deshalb, weil die Polizei mancherorts brutal gegen die Demonstrantinnen vorging. Junge Frauen, die von uniformierten Polizisten verprügelt wurden, das waren Bilder, die gerade bei der konservativen und katholischen Landjugend Beschützerinstinkte weckten. Parteiführung und Regierung wurden vom Ausmaß der Proteste vollkommen überrascht. Wie sehr, zeigte sich, als Jarosław Kaczyński, der zu diesem Zeitpunkt (und um den Streit in der Regierung zu beenden) stellvertretender Ministerpräsident, zuständig für innere Sicherheit, geworden war, sich entschloss, eine Fernsehansprache zu halten. Statt der vermutlich beabsichtigten staatstragenden Rede, die die Gemüter beruhigen sollte, wurde daraus eine Art Neuinszenierung jener Rede, die General Wojciech Jaruzelski im Dezember 1981 zur Einführung des Kriegsrechts gehalten hatte: ein verbitterter, desorientierter, sichtlich wütender Kaczyński, der hinter einem alten Schreibtisch mit polnischer Flagge starr in die Kamera starrte und bewies, dass er von dem Land, das er regierte, keine Ahnung hatte.

Die Umfragewerte der PiS erholten sich auch nicht mehr, als die Proteste abflachten. Langsam, aber sicher versank die Regierung in einem Morast aus inneren Querelen, äußerem Druck aus Brüssel und der größer werdenden Distanz zwischen ihrer Vorstellung von der polnischen Gesellschaft und dem, was diese Gesellschaft außerhalb der PiS-Konventikel und von der Regierung gesteuerten Fernseh- und Rundfunkprogrammen tatsächlich bewegte.

DAS POLNISCHE PARADOX

Wenn ich nach 2016 morgens zur Arbeit fuhr, begrüßte mich an einer der größten Warschauer Bushaltestellen ein riesiges Plakat, auf dem Soldaten in NS-Uniformen vor einem brennenden Gebäude spazieren. „Deutsche, Ihr habt Millionen Polen ermordet und Polen zerstört", verkündet es. „Ihr müsst zahlen." Das Plakat war Teil der Regierungskampagne, um von der Bundesrepublik nachträglich Reparationen für den Zweiten Weltkrieg zu erzwingen. Warum der Text auf Deutsch war, obwohl das selbst im relativ kosmopolitischen Warschau kaum jemand versteht, war nicht direkt ersichtlich. Aber so war das ja auch mit einem TV-Clip gewesen, den das Erste Programm des staatlichen Fernsehens ausgesendet hatte: „Hej, Deutschen", begann ein des Deutschen nur rudimentär mächtiger Sprecher aus dem Off zu schwarz-weißen Bildern aus dem besetzten Warschau, bevor er dann die Gründe ausführte, warum Deutschland Reparationen zahlen sollte. Unter anderem deshalb, weil deutsche Steuerzahler angeblich die Besatzung Polens finanziert hatten. In Wirklichkeit hatte die sich selbst finanziert – durch das systematische Ausrauben der Bevölkerung. Mein Kollege Götz Aly hat darüber mehrere Bestseller geschrieben, die auch auf Polnisch erschienen sind, aber die Clip-Macher hatten davon keine Ahnung. Ihr Clip war symptomatisch für eine Politik, die ständig andere aus einer Position moralischer Überlegenheit über die Geschichte belehrt, dabei aber nur ihre eigene Unwissenheit offenbart. Ich erfuhr davon, weil mein Facebook-Konto plötzlich überflutet wurde von Kommentaren, in denen sich polnische Bürger bei mir für den Clip entschuldigten.

Bevor an meiner Umsteigehaltestelle deutschsprachige Plakate geklebt wurden, hingen da andere. Eins zeigte einen Richter in Toga mit dem bereits erwähnten Fischkopf und der Aufschrift „Der Fisch stinkt vom Kopf her." Die Regierung hatte die Propaganda für ihre Justizreform, mit der sie alle Richter als korrupt diskreditieren wollte, an eine regierungsnahe Stiftung outgesourct, und das war das Ergebnis. Auch die Kampagne für Reparationen von Deutschland wurde so organisiert – wenn Diplomaten naserümpfend nachfragten, ob Plakate mit NS-Symbolik Teil der offiziellen Regierungspolitik seien, konnten die entsprechenden PiS-Politiker das immer von sich weisen: Die Dinger hatte ja eine „private" Stiftung aufgehängt. Dass die Stiftung mit umgerechnet 30 Millionen Euro von Staatsbetrieben ausgehalten wurde, stand auf einem anderen Blatt.

Wäre ich von meiner Haltestelle in die andere Richtung und damit aus der Stadt hinausgefahren, hätte mich an einer Ausfallstraße ein riesiges Plakat begrüßt, auf dem ein blutiger, zerrissener Fötus zu sehen war.

Wir haben zuhause seit über zehn Jahren kein polnisches Fernsehen mehr. Aber ganz vermeiden ließ sich der Kontakt damit trotzdem nicht; manche Hotels haben einfach keine ausländischen Nachrichtensender. So erfuhr ich dann manchmal aus nächster Nähe, dass Russland zwar die Ukraine überfallen hatte, aber gleichzeitig Deutschland gegen Polen Krieg führte. Erst war das ein hybrider Krieg, mithilfe von Propaganda, deutschen Einflussagenten und einer „aggressiven Geschichtspolitik", die im Bund mit Israel Polen für den Holocaust verantwortlich macht, dann verschwanden auch solche relativierenden Erklärungen, und aus der deutschen Polen-Politik wurde in der PiS-Propaganda ein heißer Krieg. Das ist keine Übertreibung, das ist ein Zitat aus einem Artikel einer Zeitung, die zwar kaum jemand liest, bei der aber Staatsbetriebe und Ministerien riesige Anzeigen schalten, damit sie weiter erscheinen kann und deren Autoren sich dann abends im staatlichen Fernsehen ein Stelldichein geben. In acht Jahren PiS entstand so in Polen ein eigenartiges Biotop, eine unzivile Zivilgesellschaft aus staatlich aufgepäppelten Nichtregierungsorganisationen, die jedes Propaganda-Klischee weitertragen und für Regierung und Partei das Volk bearbeiten, während sie die Opposition und private, regierungskritische Medien mit SLAPP-Klagen überziehen und in den Staatsmedien lächerlich machen.[14] In diesem Biotop entstand ein umfangreiches Gegennarrativ, eine Meistererzählung, deren Gehalt man nicht anzweifeln darf, will man dazugehören und in den Genuss staatlicher Subventionen kommen. Ihr zufolge ist PiS die einzig legitime und patriotische Vertretung des polnischen Volkes, die es vor den Umtrieben von feindlichen russischen und deutschen Agenten und vor einer Rückkehr des Verräters Donald Tusk an die Macht schützt, was wiederum einen Verlust der polnischen Souveränität und die Reduktion Polens zu einem „russisch-deutschen Kondominium" zur Folge hätte. Nach diesem Narrativ sind alle Niederlagen von PiS (und Polen) entweder moralische Siege, oder Beweise dafür, wie erfolgreich die PiS-Herrschaft ist. Kommt Lob von „den Deutschen", zum Beispiel für polnische Waffenlieferungen an die Ukraine, ist das aber genauso ein Erfolgsbeweis wie beispielsweise Kritik an der Justizreform. Die beweist dann, wie sehr man „den Deutschen" an den Karren gefahren ist. „Die Deutschen", das kann im PiS-Jargon alles und jeder sein, eine Äußerung eines Mitglieds der Bundesregierung genauso wie ein Zeitungskommentar oder sogar eine meiner Äußerungen in einem Interview – passt sie dem Redner in den Kram, wird sie zum Beweis dafür, wie „die Deutschen“ denken.

Ich lebe in Polen. In den letzten acht Jahren musste ich oft die Frage beantworten, wie ich es als Deutscher in „diesem Land“ ausgehalten habe. Gestellt wurde sie von regierungskritischen Polen, oppositionellen Abgeordneten und gelegentlich auch von Deutschen. Meine Antwort war immer dieselbe: „Das ist nicht Polen.“ Das Polen, in dem ich lebe, ignoriert die Plakate an der Haltestelle oder geht kopfschüttelnd daran vorbei. Es lässt die Zeitungen, die über einen deutschen Krieg gegen Polen schreiben, auch dann links liegen, wenn sie in den staatlichen Tankstellen an der Kasse exponiert sind. Das Polen, in dem ich lebe, ignoriert das Staatsfernsehen. Wenn ich auf die Post gehe (die in Polen noch staatlich ist), muss ich auf dem Weg zum Schalter an mehreren Regalreihen voll pseudo-patriotischem Kitsch vorbei, der davon handelt, wie Papst Johannes Paul II. Polen vor dem Kommunismus gerettet, Deutschland die ganze Welt belogen und betrogen, die EU Polen versklavt hat und warum eine Pilgerreise nach Medjugorje meine Seele retten kann. Ich habe auf der Post schon gehört, dass die Regierung die Corona-Pandemie erfunden hat, um mich zu versklaven, aber dass jemand etwas von diesem pseudo-patriotischen Kitsch gekauft hätte, habe ich noch nie erlebt.

Das ist der erste Teil der Antwort auf die Frage, wie es sich in einem Land aushalten lässt, in dem man auf Schritt und Tritt mit Propaganda konfrontiert wird, die mit einer

Zeitmaschine aus dem 19. Jahrhundert ins moderne Warschau gebeamt wurde: Ganz einfach und problemlos, weil sie niemand ernst nimmt. Wie soll man auch Plakate und Spots ernst nehmen, die in schlechtem Deutsch verbreitet werden, obwohl nur 4,5 Prozent aller Polen Deutsch lernen? Deutsche Touristen, Geschäftsleute und Diplomaten, die die Produkte dieser regierungsnahen Stiftungen verstehen, regieren darauf entweder irritiert oder gleichgültig. Vor allem aber verstehen sie die Botschaft nicht. Die Polen, denen ein blutiges Anti-Abtreibungsplakat auffällt, sind in der Regel darüber empört. So sehr, dass LKWs mit solchen Plakaten, wenn sie durch Warschau fahren, manchmal Polizeischutz brauchen. Mit anderen Worten: Polen war voller Propaganda, aber diese Propaganda war so schwerfällig, altmodisch und doof, dass sie nicht nur ihr Ziel verfehlte, sondern die Leute gegen sich aufbrachte. Aber da die, die sie machen, daran hervorragend verdienten, wurde sie fröhlich weitergemacht. Wie peinlich selbst PiS-Anhängern und Funktionsträgern diese antideutsche und anti-europäische Propaganda war, kann man ermessen, wenn man berücksichtigt, dass Zamość, die vielleicht schönste Stadt Polens und als Renaissance-Komplex Weltkulturerbe, 2023 von zwei deutschen Patriot-Flugabwehrsystemen beschützt wurde, nachdem Teile einer von der ukrainischen Flugabwehr abgeschossenen russischen Rakete in einem ostpolnischen Dorf einen Bauernhof zertrümmert und zwei Menschen getötet hatten. Die Zusammenarbeit zwischen Bundeswehr, Verteidigungsministerium und Botschaft auf der einen und der polnischen Armee und der Stadtverwaltung Zamość auf der anderen verlief absolut reibungslos und vorbildlich – obwohl sowohl der Wojewode als auch der Bürgermeister

PiS-Politiker sind und Verteidigungsminister Mariusz Blaszczyk eher zu den Hardlinern in der Parteiführung gehörte. Öffentlich gelobt hat die Zusammenarbeit mit „den Deutschen" keiner, peinlich berührt zeigte sich der eine oder andere allerdings gelegentlich schon, im privaten Gespräch, wenn keiner mithörte, der Kaczyński den Inhalt zutragen konnte.

Die zweite Antwort auf die Frage, wie es sich in einem solchen Land aushalten lässt, lautet: Polen ist nicht PiS. Dass PiS acht Jahre lang die Regierung stellte und es mehrfach schaffte, die Parlamentswahlen und die Präsidentschaftswahlen zu gewinnen, ist dazu gar kein Widerspruch, auch wenn es zunächst so aussieht. PiS-Politiker wissen, dass sie nur einen kleinen Teil Polens repräsentieren. Deshalb verkündeten sie bei jeder Gelegenheit, ihre Partei vertrete ganz Polen, das wahre Polen, die wahren polnischen Werte und alles, was wirklich und echt polnisch ist. Weil sie wussten, dass das Gegenteil der Fall war. Das kann übrigens heutzutage jeder selbst nachprüfen.

Man kann gesellschaftliche Werteverschiebungen auf zweierlei Art messen. Zum einen mit Hilfe des World Value Survey, eines globalen Umfrageprojekts, das Werteorientierungen über Generationen hinweg misst, indem es alle fünf Jahre die gleichen Fragen stellt – von den achtziger Jahren bis heute.[15] Das Ergebnis ist beeindruckend: In den letzten acht Jahren ist die polnische Regierung unter den beiden Ministerpräsident(inne)n Beata Szydło und Mateusz Morawiecki immer nationalistischer, EU-feindlicher, deutschfeindlicher, intoleranter, frauenfeindlicher, minderheitenfeindlicher, klerikaler und umweltfeindlicher geworden. Die polnische Bevölkerung dagegen wurde gleichzeitig immer kosmopolitischer, toleranter, pro-europäischer, umwelt- und klimabewusster und säkularisiert sich in atemberaubendem Tempo.

Ein polnisches Faktenchecker-Portal hat das damals, als ich diesen Umstand in einem Artikel für eine polnische Wochenzeitung beschrieb, in Zweifel gezogen und die Haltung der Polinnen und Polen zu diesen Themen aufgrund aller vertrauenswürdigen und zugänglichen polnischen Meinungsumfragen der letzten Jahre überprüft. Das Ergebnis war das gleiche: Je mehr Hass-Propaganda die PiS gegen die EU, gegen LGTB und Flüchtlinge und gegen Deutschland macht, desto toleranter, deutschfreundlicher, EU-freundlicher, minderheitenfreundlicher und umwelt- und klimabewusster wurden die Polen. Dieser Trend erstreckt sich bis in die PiS-Wählerschaft hinein. Das ist einer der Gründe dafür, warum die Parteiführung immer dementiert hat, sie wolle die EU verlassen – selbst ein erklecklicher Teil der PiS-Wähler will das nicht. Und es ist ein Grund dafür, warum selbst PiS-Politiker sich in privaten Gesprächen mit deutschen Journalisten, Diplomaten (oder mit mir) von der deutschfeindlichen Propaganda ihrer Partei distanzieren. Der Grund für die Heuchelei war eines jeden PiS-Funktionärs Furcht, ein innerparteilicher Rivale könne sein Verhalten Parteichef Jarosław Kaczyński zutragen. Kaczyński spricht keine Fremdsprachen, hat so gut wie keine Auslandserfahrung, schafft es aber immer wieder, sogar deutsche Politiker über deutsche Geschichte zu belehren, und darüber, was sie angeblich wirklich vorhaben. Bei PiS ist nicht wichtig, was in der Welt passiert, sondern was Kaczyński davon mitbekommt und davon hält.

Den ehemaligen Außenminister Jacek Czaputowicz, der weder ein EU-Hasser noch Deutschland gegenüber voreingenommen war, kostete dieses innerparteiliche Blockwart-System den Job, als ein Rivale herausfand, dass er der Akkreditierung des neuen deutschen Botschafters Bernd Freytag von Loringhoven zugestimmt hatte, obwohl dessen Vater „Adjutant bei Hitler“ gewesen war.[16] Danach achteten PiS-Politiker peinlichst genau darauf, nicht mit verdächtigen Deutschen gesehen zu werden. Deshalb trat Verteidigungsminister Blaszczak zwar mit Bundesverteidigungsminister Boris Pistorius gemeinsam bei der Pressekonferenz in Zamość auf, vermied es aber peinlichst, sich vor einem deutschen Patriot-System ablichten zu lasten, sehr zur Erheiterung der anwesenden deutschen Journalisten.

Niemand denunzierte ihn bei Kaczyński, er blieb auch nach dem Machtverlust ein treuer Diener seines Herrn. Czaputowicz wurde nach seiner Abberufung zu einem der heftigsten Kritiker der PiS-Regierung.

Auf die Sympathiewerte für Deutsche und Deutschland hatte die Parteipolitik so gut wie keinen Einfluss. 2022 fielen die Sympathiewerte für Deutschland in den Umfragen leicht, aber das ging auf die Kappe von Olaf Scholz’ Zögern bei der militärischen Unterstützung der Ukraine. Traditionell sind die USA in Polen am beliebtesten, gefolgt von Briten, Tschechen und Slowaken, mit Deutschland und den Deutschen im Mittelfeld.

Die EU, gegen deren Institutionen die Regierung seit Jahren zu Felde zieht und die die Minister auch schon mal als „Besatzer“ bezeichnen, ist in Polen beliebt wie nie zuvor (und beliebter als in jedem anderen EU-Mitgliedsland). Als Kaczyński das Urteil des Verfassungstribunals zur Verschärfung der Abtreibungsregelung durchsetzte, ignorierte er, dass es in den Umfragen bereits eine Mehrheit für eine Liberalisierung gab, die durch die Proteste noch wuchs. Als er ostentativ und in der Sprache der Vorkriegsnationalisten die Kirche gegen Angriffe von Frauenrechtlerinnen verteidigte, ignorierte er, dass der Kirche seit Jahren die Gläubigen davonlaufen und in den Umfragen das Vertrauen in die Kirche auf nie dagewesene Niedrigwerte gesunken war.

Genauso spektakulär hat die PiS in ihrem Kampf gegen die ökologischen Trends versagt. Trotz der Beteuerungen, dass die „Energiesouveränität" (also der Kohleabbau) gewahrt werden müsse, und der Propaganda, dass die Verbrennung von aus Russland importierter Kohle Polen weder von Russland abhängiger mache noch mehr Smog verursache, stieg der Prozentsatz der Polen, die über den Klimawandel besorgt sind und von der Regierung mehr Maßnahmen in diesem Bereich erwarten, ständig. Nach den Umfragen muss es selbst unter den Wählern von „Recht und Gerechtigkeit" eine große Gruppe geben, die das Thema für wichtig hält und der Meinung ist, dass die Regierung hier versagt hat. Man braucht keine Umfragen zu analysieren, um die Kluft zwischen den Werten der Bürger und der Rhetorik der Regierenden zu erkennen; es genügt, die Werbekampagnen der großen Konzerne zu beobachten, denen ja immer eine gründliche Marktforschung vorausgeht. Auf polnischen Billboards, im Werbefernsehen und im Internet spielte sich in den acht Jahren der PiS-Herrschaft ein Festival aus Multikulti, Diversität und Weltoffenheit ab, mit Models, die klar und erkennbar schwul oder lesbisch waren, zu Minderheiten gehörten oder dunkle Haut hatten. Während die Regierung den wirtschaftlichen Nationalismus förderte, ausländisches Kapital verleumdete und ihre Medien den moralischen

Verfall und das Grauen beschrieben, das angeblich von Deutschland ausgeht, kaufen Polen aller Schichten und politischen Richtungen, auf dem Land wie in der Stadt, „Chemikalien aus Deutschland", importieren deutsche Autos und verbringen ihre Einkaufswochenenden in deutschen (oder portugiesischen) Supermärkten.

Diese Aufzählung lässt sich fast beliebig fortsetzen: PiS kämpfte in Brüssel wie ein Löwe gegen die Aufnahme von Flüchtlingen aus Griechenland und Italien und führte 2015 eine Kampagne gegen Flüchtlinge, die diese mit Terroristen, Islamisten und Überträgern gefährlicher Krankheiten gleichsetzte. Die Zustimmung für die Aufnahme von Flüchtlingen stieg derweil in den Umfragen ständig. Vor dem Krieg in der Ukraine war eine klare absolute Mehrheit der Polen für die Aufnahme von Flüchtlingen. Wieder eine Kampagne, die nach hinten losgegangen war.

Da stellt sich dann die Frage, warum diese immer toleranter werdenden Polinnen und Polen sich acht Jahre lang von einer Partei regieren ließen, deren Wertvorstellungen den ihren diametral widersprachen? Warum wählten sie diesen rückständigen, provinziellen, fremden- und frauenfeindlichen Männerkegelklub nicht schon 2019 ab oder zwangen ihn mit einem Generalstreik in die Knie?

Die geistig-moralische Wende geht nach hinten los

Um das zu verstehen, muss man vor allem berücksichtigen, dass Werteorientierung in Umfragen, politische Unterstützung aber in abgegebenen Stimmen gemessen wird. Und nicht jeder, der eine Meinung hat, wenn er von einem Umfrageinstitut angerufen wird, geht auch zur Wahl. Die Umfragewerte werden immer auf 100 Prozent bezogen, aber so hoch ist die Wahlbeteiligung nicht einmal in Belgien, wo noch Wahlpflicht herrscht. Mit anderen Worten: Sehr viele derjenigen, die in Umfragen in Polen für eine Liberalisierung des Abtreibungsrechts, für die Aufnahme von Flüchtlingen, für die Homo-Ehe sind und nichts dabei finden, deutsche Importwaren zu kaufen oder nach Deutschland in den Urlaub zu fahren, gehen anschließend nicht zur Wahl. Bei Parlamentswahlen bleibt ungefähr die Hälfte der Wahlberechtigten zuhause. Sie geben sich unpolitisch, geben in Umfragen nicht ihre Parteisympathien an und beteiligen sich nicht an öffentlichen Debatten, haben aber dennoch ihre eigene Meinung zu scheinbar unpolitischen Themen wie: ob es erlaubt ist, Kinder zu schlagen, ob Bäume gefällt werden sollen, was die Schule ihren Kindern beibringen soll, wie man reagieren soll, wenn sich das eigene Kind als schwul entpuppt oder ob der Klimawandel eine Eliten-Verschwörung ist. Solche Einstellungen ändern sich nur langsam, im Gegensatz zu Wahlentscheidungen, die Polen auch immer öfter erst in letzter Minute fällen.

Hinzu kommt, dass eine Partei, um eine Parlamentsmehrheit zu erhalten, gar nicht einmal die Mehrheit der Wählerstimmen braucht. Je nachdem, wie viele Konkurrenten unter die Fünf- bzw. Acht-Prozent-Hürde fallen und wie groß der Abstand zu den anderen Parteien ist, können 35 Prozent genügen für eine absolute Mehrheit im Sejm und eine Alleinregierung und weniger als 50 Prozent für eine verfassungsgebende Mehrheit. Hinzu kommt, dass Polen ein auf den Staat ausgerichtetes Land ist. Der Staat war auch vor der achtjährigen PiS-Herrschaft oft ineffizient und glich das mit Repressionen aus, aber er ist ein Zentralstaat, und wer in Polen schnell reich werden will, der nutzt am besten seine Verbindungen zur Regierung. Alle großen und viele der kleineren einheimischen Firmenimperien in Polen sind so gewachsen – indem sie zwischen Auslandsinvestoren und Regierungsagenturen vermitteln, bei der Privatisierung polnischer Betriebe assistierten, privatisierte staatliche Dienstleistungen übernahmen oder den Staat dazu brachten, sie an sie auszulagern. Das gilt auch für NGOs oder das, was man anderswo „die Zivilgesellschaft" nennt. In Polen ist sie schwach und abhängig von Geld aus dem Ausland und vom Staat. Die Kommunen können diese Staatslastigkeit kaum ausgleichen, zumal sie in acht Jahren PiS-Herrschaft immer mehr Aufgaben und immer weniger Geld bekamen, was ihre Autonomie stark einschränkte. Das wiederum ist die Erklärung dafür, warum das immer toleranter werdende Polen die PiS nicht mit einem Generalstreik oder einem Protestmarathon (wie z. B. die israelische Zivilgesellschaft bei der Verteidigung der Unabhängigkeit der Justiz) bezwang: Sie ist zu schwach. Gerade in der Provinz sahen sich Demonstranten, die gegen die Justizreform oder gegen die Verschärfung der Abtreibungsregelung auf die Straße gingen, einer Phalanx aus Polizei, regierungsnahen Richtern und Staatsanwälten und Arbeitgebern gegenüber, deren Aufträge vom örtlichen Bürgermeister oder dem (von der Regierung eingesetzten) Wojewoden abhingen. Zivilgesellschaft, das heißt in der Bundesrepublik eine Voll- oder Teilzeitstelle bei einer Nichtregierungsorganisation zu haben, die sich über EU-Mittel, Fördertöpfe von Bund, Land und Gemeinde und Spenden finanziert, auf Jahre vorausplanen kann und sich in der Regel der Sympathie der örtlichen Bevölkerung, der Behörden und der lokalen Medien erfreut. In den letzten acht Jahren hieß das in Polen, sich mit Mini-Projekten über Wasser halten, die man nach der Arbeit durchführen kann, während man von PiS-nahen Medien durch den Kakao gezogen wird und ständig fürchten muss, dass man selbst oder der Partner seinen Job bei der Gemeinde verliert, weil der Bürgermeister dem Wojewoden oder der PiS-Gemeinderatsmehrheit nicht zu nahe treten darf. Die staatliche Förderung für Nichtregierungsorganisationen ging in den acht PiS-Jahren ausnahmslos in nationalistische, erzkatholische, konservative und vor allem regierungsnahe Stiftungen, Vereine, Museen und Klubs, darunter eine sechsstellige Summe an einen aus dem Hooligan-Milieu stammenden Rechtsradikalen, der 2020 bei den Frauenprotesten gegen das Abtreibungsurteil „Kirchen verteidigen" wollte, aber von wütenden Frauen in die Flucht geschlagen wurde.

Der Raubzug

Als die PiS 2015 an die Macht kam, betonten viele PiS-Politiker und parteinahe Journalisten, es gehe ihnen nicht nur um Polen, sondern auch darum, den liberalen Eliten in Polen und Europa zu beweisen, dass sie regierungsfähig seien – genauso wie die linken, postkommunistischen und liberalen antikommunistischen Eliten, die Polen nach 1989 so sehr geprägt hatten. Von diesem Credo war sehr schnell nicht mehr viel übrig: Schon die Regierung von Beata Szydło fuhr eine Niederlage nach der anderen ein und erregte im Ausland Mitleid, Verständnislosigkeit und gelegentlich Wut. Das begann bereits 2017, als Donald Tusks Wiederwahl zum Präsidenten des Europäischen Rats anstand. Nach dem EU-Vertrag wählt sich der Rat seinen Präsidenten mit qualifizierter Mehrheit selbst – aus seiner Mitte oder wen immer der Rat für geeignet hält. Da

Tusks Partei in Polen aber zu dieser Zeit bereits in der Opposition war, dachte man in der Regierung Szydło, man habe eine Art Vorkaufsrecht auf den Posten, ähnlich wie beim nationalen Vorschlagsrecht für Kommissare. Kurz vor der entscheidenden Sitzung und obwohl sich bereits eine klare Präferenz im Rat für eine Wiederwahl Tusks abzeichnete, schob Szydło daher den von der Bürgerplattform zur PiS gewechselten EU-Experten und Europaabgeordneten Jacek Saryusz-Wolski nach vorne und stieß damit auf das völlige Unverständnis der anderen Staats- und Regierungschefs. Der maltesische Vorsitzende lud Saryusz-Wolski gar nicht erst zur Sitzung ein. Tusk wurde nur gegen die Stimme Szydłos wiedergewählt, die dann beleidigt versuchte, die Ratsentscheidungen zu blockieren und nach ihrer Rückkehr auf dem Warschauer Flughafen von der PiS-Parteiführung trotzig mit Blumen und als angebliche Siegerin empfangen wurde. So reihte sich ein symbolischer Propagandasieg an den nächsten. Im Jahr darauf verabschiedete die PiS-Parlamentsmehrheit (wieder im Eilverfahren) ein Gesetz, mit dem angeblich falsche Schuldzuweisungen an Polen wegen vergangener Massenverbrechen und die Leugnung angeblicher und tatsächlicher Massenverbrechen anderer Völker mit mehrjährigen Gefängnisstrafen geahndet werden konnte. Israelische und US-amerikanische Nichtregierungsorganisationen betrachteten das sofort als Kriminalisierung von Holocaust-Zeitzeugen (was übertrieben war). Nach immensem Druck aus den USA ließ Präsident Duda das sogenannte IPN-Gesetz (nach seinem Inkrafttreten) vom Verfassungstribunal untersuchen, das einen Teil davon kassierte.[17]

Vom 2015 großspurig angekündigten Versuch, Europa

zu seinen christlichen Wurzeln zurückzuführen und moralisch von Linkslastigkeit, Materialismus und liberalen Defätismus zu heilen, blieb schon nach vier Jahren nichts übrig: Die polnische Regierung verlor bei Abstimmungen in Brüssel, scheiterte mit EUGH-Klagen gegen die Migrationspolitik, den Rechtsstaatlichkeitsmechanismus, beim Umweltschutz und der Klimapolitik, handelte sich eine Verurteilung nach der anderen vor dem Europäischen Menschenrechtsgerichtshof und dem EUGH ein und wurde zu unterschiedlichen Zeiten mal von Frankreich, mal von der Ukraine, Tschechien, Belgien, Luxemburg, den Niederlanden, Norwegen, den USA und Israel boykottiert oder sanktioniert. Die Welt jenseits von Kaczyńskis Parteibüro in der Nowogrodzka-Straße wollte sich einfach nicht missionieren lassen.

Der Versuch, die polnische Gesellschaft mit katholisch-nationalistischen Slogans und einer ebensolchen Geschichtspolitik zu zu bekehren, ging ebenfalls aus wie das Hornberger Schießen: Damit trieb die PiS in erster Linie ihre Gegner zur Weißglut und trug zur Politisierung der schweigenden Mehrheit bei. Dem Ansehen der PiS in Polen und der Welt diente beides nicht, weder die innenpolitischen Moral-Kreuzzüge noch die dilettantische Außenpolitik. Was bleibt also übrig von acht Jahren PiS-Herrschaft, wenn man den Karren ideologisch und machtpolitisch an die Wand gefahren hat und der Ruf ruiniert ist? Der Zugang zu dem, was Ökonomen seltene Güter nennen: Geld. Und so verwandelte sich das ideologisch-machtpolitische Projekt sehr schnell in einen banalen Raubzug. PiS war 2001 von Lech Kaczyński, dem damaligen Justizminister in der Minderheitsregierung von Jerzy Buzek, gegründet worden als Vorreiter gegen Korruption und Vetternwirtschaft. Sie ging an ihrer eigenen Korruption und Vetternwirtschaft zugrunde.

Es begann mit dem Versuch des (von Beata Szydło ernannten) Vorsitzenden der Finanzaufsicht, Marek Chrzanowski, von dem polnischen Milliardär Leszek Czarnecki Schutzgeld in zweistelliger Millionenhöhe zu erpressen. Czarnecki machte die Sache publik und floh ins Ausland, Chrzanowski wurde festgenommen; der Prozess gegen ihn läuft zurzeit noch. Er hatte nicht genug Protektion.

Das war ganz anders, als die *Gazeta Wyborcza* 2019 enthüllte, wie Jarosław Kaczyński persönlich einen entfernten Verwandten und österreichischen Bauunternehmer mit Planungen für zwei Wolkenkratzer auf dem Grundstück der PiS-Parteizentrale in Warschau beauftragt und ihn veranlasst hatte, einem parteinahen Priester ein fünfstelliges Schmiergeld zu zahlen. Die Staatsanwaltschaft verhörte den Österreicher, der den Auftrag nie bekam und um seine Vorleistungen geprellt wurde, so lange als Zeuge, bis er genug hatte und unverrichteter Dinge nach Österreich zurückkehrte. Das Verfahren gegen Kaczyński blockierte die von Ziobro kontrollierte Staatsanwaltschaft; bis heute gibt es dazu keine Anklage. Je mehr sich Kaczyńskis Parteifreunde an Steuergeldern und ausländischen Investoren selbst bedienten, desto mehr „Kompromate“ bekam Ziobro in die Hände und desto mächtiger wurde er innerhalb der PiS.

Bald wurde aus Korruption, Machtverfall und Diadochenkämpfen im Regierungslager ein Perpetuum mobile. Um im Sejm Stimmen zu kaufen, mussten Regierung und Parteiführung Pfründe verteilen. Das konnten Posten in der staatlichen Verwaltung oder in Staatsbetrieben sein oder auch einfach Cash. Die Kuh, die dabei am häufigsten gemolken wurde, war ein staatlicher Fonds zur Förderung von innovativer, praxisorientierter Forschung. Hier konnte man Geld verdienen, das sofort abgeschrieben werden konnte, denn man kann ein Forschungsinstitut ja nicht ernsthaft dafür verantwortlich machen, dass seine Ergebnisse vom Markt nicht angenommen werden. Die Unregelmäßigkeiten bei diesem Fonds (und bei Affären um den Einkauf von Beatmungsgeräten und Masken) hatten bereits einen Gesundheitsminister den Job gekostet. Als dann die Gowin-Partei die Regierungskoalition aufkündigte, gingen Morawiecki und Kaczyński daran, Gowins Partei zu spalten, um möglichst viele abtrünnige Abgeordnete auf ihre Seite zu ziehen. Es entstanden „die Republikaner", eine Plankton-Partei ohne Anhang, aber mit Ansprüchen. Sie durften fortan den Innovationsfonds kontrollieren und begannen sofort damit, riesige Mengen an Subventionen in sachfremde Institute und Stiftungen zu schaufeln, die zum Teil erst unmittelbar vor den entsprechenden Ausschreibungen entstanden waren und keinerlei Erfahrung mit Forschung aufweisen konnten.

Die Ermittlungen, die in rechtsstaatlichen Ländern gefolgt wären, konnte Ziobro blockieren. Aber er war nicht der Einzige, der ermitteln lassen konnte. Je mehr die Regierung zerfiel, desto heftiger wurden hinter den Kulissen die Kämpfe um die besten Listenplätze bei den Parlamentswahlen. Plötzlich tauchten bei staatlichen Agenturen Agenten des „Zentralen Anti-Korruptionsbüros" zu Kontrollen und Haussuchungen auf und stachen Teilergebnisse der Ermittlungen dann an die regierungskritische Presse durch, wohl wissend, dass die sowohl glaubwürdiger war als auch höhere Auflagen hatte als die

Staatsmedien. So kam auch ans Licht, dass dieselbe Regierung, die Hetzkampagnen gegen Migranten aus dem Irak und gegen die EU-Migrationspolitik vom Stapel gelassen und eine Mauer gegen muslimische Einwanderer aus Belarus gebaut hatte, insgeheim und unter der Hand in Zusammenarbeit mit internationalen Konzernen eine in die Hunderttausende gehende Zahl von Arbeitsmigranten aus aller Welt nach Polen und von dort in den Schengen-Raum gelassen hatte. Dass die PiS-Regierungen trotz ihrer ostentativen Abneigung gegen alles Islamische Kontingent-Arbeitskräfte aus Pakistan, Bangladesch und der Türkei anwarb, war allgemein bekannt. Der Arbeitskräftemangel war einfach zu groß. Doch mitten im Wahlkampf enthüllte die Opposition dann, dass tausende Einwanderer ohne jegliche Kontrolle und mit Hilfe enormer Schmiergelder dank polnischer Visa ungehindert in den Schengenraum und sogar bis nach Mexiko gelangt waren, nachdem das überforderte Außenministerium die Visavergabe an einen privaten Dienstleister delegiert hatte. Schließlich forderte sogar die EU-Kommission Aufklärung über das, was als Visa-Skandal in die Annalen eingehen sollte. PiS, die Partei, die stets geschworen hatte, die polnische Bevölkerung vor illegaler Einwanderung zu bewahren, hatte diese selbst organisiert, und, das war der unbewiesene Verdacht dahinter, sogar noch daran verdient. Die Wahlkämpfer der Partei sahen ihre Felle davonschwimmen. Die PiS-Führung brannte ihr letztes Strohfeuer ab und bewies einmal mehr ihre Unkenntnis grundlegender wirtschaftlicher Zusammenhänge. Der staatliche Mineralölkonzern Orlen senkte kurz vor der Wahl die Kraftstoffpreise an seinen Tankstellen, während PiS-Wahlkämpfer ihre Wähler vor einem Preisanstieg warnten, sollte die PiS die Wahl verlieren. Sofort bildeten sich Schlangen vor den Orlen-Tankstellen, denen der billige Treibstoff ausging. Das war ausgerechnet für die Landbevölkerung, der es hatte nutzen sollen, besonders nervig, denn auf dem Land hat Orlen eine monopolähnliche Stellung. Es gab jede Menge Treibstoff zu höheren Preisen an den Zapfsäulen der ausländischen Konzerne. Aber die sind auch in Polen da, wo die Kaufkraft ist – in den Städten. Statt billig zu tanken, musste die Landbevölkerung nun in die Stadt fahren und dort die höheren Preise bezahlen.

Aber da kam noch mehr. Im Dezember 2022 war eine russische Rakete ohne Ladung in den polnischen Luftraum eingedrungen und in einem Wald bei Bydgoszcz zerschellt. Die Armeeführung wusste davon, hatte den Verteidigungsminister und die NATO informiert, doch die Regierung hatte sich entschlossen, den Vorfall geheim zu halten. Er kam erst Monate später ans Licht, nachdem einer Reiterin seltsame Wrackteile im Wald aufgefallen waren. Wieder einmal gerieten Teile der Regierung in Panik. Statt den Vorfall einfach zuzugeben und die Geheimhaltung zu begründen, beschuldigte Verteidigungsminister Mariusz Błaszczak die Armeeführung, ihm den Vorfall verheimlicht zu haben, wohl wissend, dass sich die Generäle gegen den Vorwurf nicht wehren konnten, ohne gegen ihren zivilen Oberbefehlshaber aufzubegehren. Sie hatten geschwiegen, als die PiS nach 2015 die Armeeführung von Generälen gesäubert hatte, die sie nicht für vertrauenswürdig hielt; sie hatten geschwiegen, als die Regierung die Armee an der belarusischen Grenze einsetzte und Armeeparaden abhalten ließ, bei denen sich Regierungsmitglieder in Szene setzen konnten. Als Błaszczaks

Vorgänger, der paranoide, unberechenbare Verteidigungsminister Antoni Macierewicz 2018 abberufen wurde, war das auf Druck der USA geschehen, nicht auf Druck der Armeeführung. Die Generäle schwiegen sogar, als immer mehr Offiziere und selbst Angehörige der von Macierewicz erst ins Leben gerufenen Territorialverteidigung den Dienst quittierten – trotz beträchtlicher Gehaltserhöhungen. Dann platzte etwas. Im Oktober 2023, wenige Tage vor dem Wahltermin, traten auf einen Schlag der Generalstabschef der Armee und der Befehlshaber des operationellen Führungskommandos zurück. Die Nachricht schlug ein wie eine Bombe, lief durch die internationale Presse und löste in Warschauer Redaktionen sogar Gerüchte über einen bevorstehenden Putsch aus. Es war das zweite fatale Signal, das PiS an seine Wähler sandte. Die Partei, die angetreten war, Polen groß und stark zu machen und vor bösen muslimischen Immigranten zu schützen, hatte nicht nur Tausende solcher Immigranten gegen Schmiergeldzahlungen nach Polen eingeladen, sondern auch noch die Armee so gegen sich aufgebracht, dass ihr die Armeespitze unmittelbar vor der Wahl das Vertrauen entzog. Die Atmosphäre veränderte sich in den Wochen vor der Wahl völlig. Viele PiS-Politiker hatten die Wahl schon seit längerem verloren gegeben und sich resigniert daran gemacht, ihre Schäfchen ins Trockene zu bringen, ohne dass die Opposition deshalb zuversichtlicher geworden wäre. Nun wurden die Wahlkämpfer der Opposition aggressiver, fokussierter, angriffslustiger, hoffnungsvoll und optimistisch. Sie konnten gewinnen, und anders als 2019 glaubten sie und ihre Anhänger das nun auch selbst.

Je näher für die PiS das Ende rückte, desto breiter

wurde der Cash-Strom aus dem Staatshaushalt, der sich in dubiose, neugegründete Institute, Stiftungen, Vereine, Museen und Zentren ergoss, die alle zwei Dinge gemeinsam hatten: In ihren Leitungsgremien saßen Kaczyńskis Parteifreunde und ihre Verwandten, und sie waren juristisch so konstruiert, dass die neue Regierung nicht einfach die Leitungsgremien austauschen oder das entsprechende Konstrukt abwickeln konnte.

Man kann sich darüber aufregen, sollte dann aber berücksichtigen, dass auch frühere Regierungen (allerdings in bescheidenerem Umfang) goldene Fallschirme für ihre Genossen aufzuspannen pflegten, um ihnen die Landung nach verlorenen Wahlen angenehmer zu machen. In Polen gibt es keine den deutschen Parteienstiftungen ähnliche Strukturen, die dafür sorgen können, dass eine Partei nach dem Machtverlust institutionell überleben kann. Ich habe in den letzten 30 Jahren mehrere dramatische Fälle von Politikern aus der ersten Reihe erlebt, die nach verlorenen Wahlen jahrelang arbeitslos waren. Manchmal kann ein befreundeter Vorsitzender einer (selbstverwalteten) Regionalverwaltung oder ein Bürgermeister weiterhelfen – so durchdringen dann Parteiklüngel die kommunale Selbstverwaltung, und das will ja auch keiner.

Der Exodus der Geldkoffer schleppenden Parteikader auf der Suche nach einem sicheren Ort, an dem sich wenigstens einige Früchte des achtjährigen Raubzugs bunkern ließen, hat aber noch zwei Aspekte, die in der allgemeinen Empörung gewöhnlich untergehen. Erstens zeigt sich darin, wie sehr die PiS von öffentlichen Geldern abhängig ist. In acht Jahren Regierungszeit hat sie es nicht geschafft, ein eigenes, auf dem freien Markt überlebensfähiges Medienimperium aufzubauen und ihre Partei dauerhaft unabhängig vom Staat zu finanzieren. Keine Fox-News-Emissäre landeten in Warschau, um hier ein eigenes parteinahes Privatfernsehen zu gründen, nicht einmal die Kaczyński-Vorbilder Viktor Orbán oder Recep Tayyip Erdogan kamen dem alten Mann zu Hilfe. Und zweitens: Der Versuch, die Partei über den Bau und die Vermietung zweier Wolkenkratzer in der Warschauer Innenstadt unabhängig zu finanzieren, endete in besagter Finanzaffäre. An der ins Auge gefassten Stelle steht immer noch die alte Parteizentrale, eines der hässlichsten Gebäude der Warschauer Innenstadt. Was PiS-Kader in den letzten acht Jahren auf die Seite geschafft haben, ging offenbar in ihre privaten Taschen.

So gesehen, durfte PiS die Wahlen 2023 nicht verlieren. Zu viel stand auf dem Spiel: Die persönliche Freiheit all derer, gegen die Ziobros Staatsanwälte bis dahin Material gesammelt hatten, das sie nicht verwenden durften; das finanzielle Überleben derer, die durch PiS zu Macht und Einkommen kamen; und das Überleben der Partei selbst. Es ging um alles oder nichts. Ohne die Macht im Staat drohte alles unterzugehen.

Die Wende, die keine war

Der Wahltag vom 15. Oktober rückte näher, und die Umfragen ließen wenig Zweifel über den Ausgang: Es würde knapp werden. PiS hatte wenig Chancen auf eine absolute Mehrheit im Sejm, aber ob die Drei-Parteienkoalition eine Mehrheit haben würde, war mehr als zweifelhaft. Die rechtsradikale, rabiat-liberale, nationalistische „Konföderation“ konnte das Zünglein an der Waage werden – und würde dann von PiS ein großzügiges Angebot bekommen, in die Regierung einzutreten. Die Regierungspolitik wäre dann noch radikaler, noch unberechenbarer und die Regierung noch instabiler geworden als bisher.

Es gibt zwei Probleme mit Umfragen in Polen: Sie werden meist hoch-professionell gemacht, sind aber trotzdem wenig verlässlich. Das liegt daran, dass bei Umfragen über 70 Prozent der Befragten angeben, zur Wahl zu gehen, während es dann aber nur ca. 50 Prozent der Wahlberechtigten tun. Das zweite Problem besteht darin, dass es einfacher ist, am Telefon Antworten zu geben, als herauszufinden, wo man die Stimme abgeben kann, ob man im Wahlregister erfasst ist und wen man eigentlich wählen kann. Und dann muss man das Wahllokal auch noch aufsuchen, statt zu einer Familienfeier zu gehen oder einen Ausflug zu machen.

So war es auch dieses Mal. Der erste Hinweis darauf, dass das Ergebnis von den Umfragen und Prognosen abweichen würde, war die ungewöhnlich hohe Wahlbeteiligung bereits gegen Mittag. Auslandspolen können ihre Stimmen in polnischen Konsulaten und Botschaften abgeben. Da sie meist liberal oder links wählen, hatte PiS extra für sie die Vorschriften verschärft: Die Wahlkommissionen im Ausland hatten nur 24 Stunden zur Auszählung; Stimmen, die bis dahin nicht ausgezählt waren, würden verfallen. Die Parteiführung hatte sich eine ganze Menge Tricks einfallen lassen, um ihre müden Wähler zu mobilisieren. Sie wusste, sie würden keine andere Partei wählen. Aber wenn sie zuhause blieben, würde das die Partei nicht nur um die absolute Mehrheit der Mandate bringen, sondern vielleicht sogar unter die Sperrminorität von zwei Fünftel der Stimmen, mit der sie Versuche ihrer Gegner abschmettern konnte, ein Veto des Präsidenten zu überstimmen. Aus diesem Grund hielt die Regierung ein

Referendum ab, das gleichzeitig mit der Parlamentswahl und in den gleichen Wahllokalen durchgeführt wurde. Es gab vier irrelevante Fragen, deren einziger Sinn war, die eigenen Stammwähler zu mobilisieren, indem man ihnen Angst einjagte. Die erste Frage hieß, ob die Wähler „für den Ausverkauf von Staatsbetrieben waren, der zum Verlust der Kontrolle über strategische Sektoren der Wirtschaft führt". Es gibt nur noch ganz wenige Staatsbetriebe in Polen, von denen auch keiner zu einem strategischen Sektor gehört, was immer das heißen mag.[18] Die zweite Frage betraf das Renteneintrittsalter, das die Regierung aus Bürgerplattform und Bauernpartei früher auf 67 Jahre erhöht hatte, bevor PiS es wieder gesenkt hatte. In der Einigung, die die Regierung Morawiecki mit der EU-Kommission über die Auszahlung des EU-Wiederaufbaufonds abgeschlossen hatte, hatte sie sich mit einer Erhöhung des Renteneintrittsalters einverstanden erklärt. Aber offenbar rechnete sie darauf, dass ihre Stammwähler das nicht bemerkt hatten. Die dritte Frage betraf den von der Opposition kritisierten Bau der Mauer an der belarusischen Grenze und sollte – wie bei der Wahl 2015 – Angst vor Migranten schüren, genau wie die letzte Frage: „Unterstützt du die Aufnahme tausender illegaler Einwanderer aus dem Nahen Osten und Afrika in Übereinstimmung mit dem Umverteilungs-Zwangsmechanismus, den die europäische Bürokratie aufgezwungen hat?" Es war eine Frage im Orbán-Stil: Einen Zwangsmechanismus zur Migrantenverteilung gab es genauso wenig, wie es den (von Orbán erfundenen) Soros-Plan zur „Umvolkung" Ungarns gab – aber indem man in einem Referendum danach fragte, erweckte man bei unbedarften Bürgern den Eindruck, es gäbe ihn.

Das Referendum begleitete auch eine Reihe neuer Maßnahmen, die offiziell eine Wahlfälschung durch die Opposition (die auf die Wahlorgane keinerlei Einfluss hatte) verhindern sollten, aber eigentlich dazu dienten, die Wähler auf dem Land einzuschüchtern und zu mobilisieren: Der Urnengang wurde mit Kameras aufgezeichnet, auf dem Land wurden die Zahl der Wahllokale erhöht, und Wähler wurden mit Bussen zur Stimmabgabe gefahren. Die Benachteiligung der großstädtischen Wähler, deren Stimmen wegen der Größe ihrer Wahlkreise weniger Gewicht als die in den Provinz-Wahlreisen hatten, wurde dagegen nicht verändert.

Wenn etwas schief ging, hatte PiS vorgesorgt: Die staatliche Wahlkommission und die Leitung des sogenannten Wahlbüros, die für die logistischen Aspekte der Wahl zuständig sind, und die Kammer des Obersten Gerichtshofs, die über die Gültigkeit der Wahlen entscheiden würde, hatte die PiS in ihrer Amtszeit komplett ausgetauscht und mit parteinahen Vertretern besetzt.

Es half nichts. Mit der faktischen Abschaffung der legalen Abtreibung in Polen hatte die PiS vor allem eines erreicht: Die Männer um Jarosław Kaczyński hatten ihre Gegner – die Jugend, die jüngere Mittelklasse, die Großstädter und vor allem die Frauen – mobilisiert, mit einem demagogischen, hasserfüllten Wahlkampf gemäßigte Wähler abgeschreckt und mit ihren zahllosen Korruptionsaffären ihre Stammwähler demobilisiert. Der Wahlabend kam und mit ihm kamen die ersten Exit Polls: Bei einer Wahlbeteiligung von über 74 Prozent (die höchste, seit es in Polen freie Wahlen gab) war die PiS zwar wieder die größte Partei im Sejm, aber mit 191 von 460 Sitzen weit von einer absoluten Mehrheit entfernt. Das Dreierbündnis aus Bürgerkoalition (der von der Bürgerplattform unter Tusk dominierten Wahlliste), der Linken und dem „Dritten Weg“ (der Allianz aus Bauernpartei und einer christdemokratischen Neugründung namens „Polen 2050“) war dagegen mit 248 so klar und deutlich über der magischen Grenze von 231 Sitzen, dass selbst eine Wahlmanipulation in letzter Minute wenig erfolgversprechend war. Auch die Rechtsradikalen würden Kaczyński nicht vor dem Machtverlust retten können: Sie hatten nur 18 Sitze. Im Senat hatte das Dreierbündnis sogar fast eine Zweidrittelmehrheit. Es war fast so etwas wie ein Erdrutschsieg.

Von da an geschahen allerlei seltsame Dinge, manche waren verdächtig, andere kurios und wieder andere geradezu komödiantisch. Es begann damit, dass die PiS-Parteiführung – wie weiland Gerhard Schröder nach der Wahl von 2005 – verkündete, sie habe die Wahl gewonnen, weil sie die größte Fraktion stelle und damit das Recht habe, die Regierung zu bilden. Nach der Verfassung kann Präsident Duda mit der Regierungsbildung beauftragen, wen er will. Und obwohl klar war, dass Mateusz Morawiecki keine Chance auf eine Wiederwahl haben würde, erteilte ihm Duda den Auftrag. Bald wurde auch deutlich, warum: Mehrere Ministerien kauften plötzlich in großem Stil Aktenvernichter ein, verschoben riesige Summen in private Stiftungen und gründeten auf Teufel komm raus Zentren und Museen in Gemeinden, in denen die PiS eine Mehrheit im Gemeinderat hatte. Duda berief den neuen Sejm am nach der Verfassung letztmöglichen Tag ein. Morawiecki nutzte die ganze nach der Verfassung zur Verfügung stehende Zeit, um eine Regierung zu bilden, von der jeder wusste, dass sie keine Chance hatte, vom Parlament gewählt zu werden. Angebote an die Bauernpartei, über eine Koalition zu verhandeln, hatte diese abgeschmettert. Als der Sejm zu tagen begann, attackierten führende PiS-Abgeordnete unflätig den neuen Sejm-Marschall Szymon Hołownia, den Vorsitzenden von Polen 2050, einen liberalen katholischen Publizisten und Fernsehmoderator.

Dann stellte Morawiecki seine neue Regierung vor. Bis dahin hatten Frauen in der PiS-Führung nie eine große Rolle gespielt. Nun waren plötzlich über die Hälfte der Minister Frauen – weil ja jeder wusste, sie würden ohnehin nie regieren, denn Morawiecki würde die Vertrauensabstimmung über sein Kabinett ja verlieren.

Monatelang hatten sich die (ausschließlich von der PiS-Mehrheit im Sejm gewählten) Verfassungsrichter gegenseitig blockiert, unfähig Entscheidungen zu fällen. Nun machten sie sich plötzlich mit Begeisterung an die Arbeit und veröffentlichten ein Urteil nach dem anderen, offenbar in der Furcht, die neue Regierung werde ihre Urteile so behandeln, wie die PiS das 2016 getan hatte: Urteile, die ihr nicht gefielen, hatte sie einfach nicht veröffentlicht. Solange Morawiecki noch Regierungschef war, konnte er die Veröffentlichung veranlassen. Die Urteile hatten alle eines gemeinsam: Sie schränkten den politischen und finanziellen Spielraum der neuen Regierung ein.

Um seine Abwahl noch weiter hinauszuzögern, hielt Morawiecki eine Regierungserklärung, ganz so, als habe er eine weitere vierjährige Amtszeit vor sich. Es folgten die Aussprachen der Fraktionen und dann Fragen an den neuen, alten Ministerpräsidenten. Die bisherige Opposition hatte keine Fragen. Ein PiS-Abgeordneter nach dem anderen trat ans Mikrophon und nutzte seine knappe

Zeit, um Morawiecki zu danken für alles, was er für den jeweiligen Wahlkreis getan hatte und um ihm Fragen zu stellen über seine künftige Politik – obwohl er noch am gleichen Tag aufhören würde, Regierungspolitik zu machen. Es war eine surreale Szenerie. Dann ließ Hołownia abstimmen: Morawiecki erhielt nicht einmal alle PiS-Stimmen. Gleich danach folgte die Wahl Tusks zum neuen Ministerpräsidenten: Er erhielt alle Stimmen des Drei-Parteien-Bündnisses und eines Teils der Rechtsradikalen, deren Vorsitzender zuvor in einer kurzen, wütenden Rede jede Koalition mit der PiS weit von sich gewiesen hatte.

Die Sejm-Mehrheit feierte Tusk mit *standing ovations* und sang die Nationalhymne. Als Hołownia die Sitzung bereits für eine Pause unterbrechen wollte, trat Kaczyński ans Mikrophon und wandte sich an Tusk, ohne dass Hołownia ihm dazu das Wort erteilt hätte: „Ich weiß nicht, wer Ihr Großvater war“, sagte er mit verkniffener Miene, „aber Sie sind ein deutscher Agent. Einfach nur ein deutscher Agent.“ Ein konsternierter Hołownia wies ihn zurecht und entschuldigte sich bei den Anwesenden. Kaczyński war nun wieder da angekommen, wohin ihn seine politische Karriere fast immer geführt hatte: im Abseits. Mit einem aggressiven, hasserfüllten, demagogischen Wahlkampf hatte seine Partei es geschafft, die größte Fraktion im Sejm zu stellen, war aber nun so isoliert, dass niemand, nicht einmal die Rechtsradikalen mit dieser Partei eine Koalition eingehen wollten. Er hatte sich in Grund und Boden intrigiert.

Nach der Wahl der ersten PiS-Regierung unter Beata Szydło hatte eine Ratingagentur Polen heruntergestuft und der Złoty hatte im Verhältnis zum Euro stetig an Wert verloren (am meisten während der Pandemie). Jetzt stieg der Złoty in schwindelnde Höhen. Nach der Pandemie im März 2022 hatte ein Euro 4,9 Złoty gekostet, nach Morawieckis verlorener Vertrauensabstimmung waren es noch 4,34 Złoty. Jene Mehrheit, die die zurückliegenden acht Jahre den Kopf eingezogen oder protestiert hatte, feierte. Abgeordnete der bisherigen Opposition schwelgten in Szenarien über die Abrechnung mit „diesem Übel, diesem Bösen", das in jenen acht Jahren um sich gegriffen hatte und schnürten „demokratische Pakete", mit denen dem Parlament seine Würde und seine Funktion als Diskussionsforum zurückgegeben werden sollte. In dem allgemeinen Sektkorkenknallen und Triumphgeheul ging vollkommen unter, dass PiS zwar die Wahl verloren, aber die Macht nicht abgegeben hatte und das auch nach der Vereidigung der Regierung Tusk nicht tun würde. PiS wird mächtig bleiben und die neue Regierung und ihre Parlamentsmehrheit mit einem wahrhaft teuflischen Dilemma konfrontieren: Wie macht man ein Land wieder demokratisch, ohne dabei gegen demokratische Grundprinzipien zu verstoßen?

Polen, die Wahlen und die Autokratie

Viele Polen sind davon überzeugt, in einem einzigartigen Land zu leben und ein einzigartiges Volk zu bilden, in dem alles anders ist als anderswo und mit Verweisen auf andere Länder und Nationen nicht erklärt werden kann. Sie teilen diese Überzeugung mit allen anderen Nationen, die ich im Laufe meines Lebens kennengelernt habe. Es kommt aber durchaus vor, dass irgendwo etwas wirklich Neues passiert, etwas, das anderswo nicht oder nur ganz selten auf dieser Erde vorkommt: dass eine Kolonie zur Weltmacht aufsteigt, wie die USA, dass ein Volk, das zweitausend Jahre zerstreut lebte, plötzlich zurückwandert und einen Staat gründet, wie die Juden nach Israel oder dass sich ein Land entschließt, die Bösewichter und Verbrecher, die es mehrere Generationen lang unterdrückt haben, einfach zu amnestieren, wie in Südafrika. Demnächst wird es wohl noch ein weiteres Land mit Alleinstellungsmerkmal geben: Polen als der Staat, dessen Eliten versuchen, ihn mit undemokratischen Mitteln zu demokratisieren.

Das scheinbare Paradox kommt daher, dass PiS in den vergangenen acht Jahren eine politische Ordnung aufgebaut hat, die nach außen hin demokratisch aussieht, aber nach innen autokratisch ist. Demokratie ist ohne Gewaltenteilung nicht denkbar, aber genau sie wurde aufgehoben. Nach und nach wurde zuerst die erste Gewalt, das Parlament, entmachtet. Es wurde umfunktioniert zu einer Abstimmungsmaschine der Regierung, in der es zwar noch eine Opposition gibt, die aber nichts mehr zu sagen hat. PiS änderte die Geschäftsordnung, machte Schnellverfahren und Gesetzesinitiativen aus der Mitte des Parlaments zum Regelfall, um so die Redezeit und die Beratungszeit der Opposition einzuschränken, und baute die Position des Sejm-Marschalls zu einer Bastion aus, von der aus er entscheiden kann, was wann und wie abgestimmt wird – und was unter den Tisch fällt.

Dann besetzte die Partei die Leitungsgremien der öffentlich-rechtlichen Medien ohne den in der Verfassung vorgesehenen Landesrundfunk- und Fernsehrat, und als das (damals noch unabhängige) Verfassungstribunal das untersagte, schuf es einen eigenen „Nationalen Medienrat“, der danach das Gleiche tat. Das konnte das Verfassungstribunal dann nicht mehr untersagen, weil es da schon entgegen der Verfassung mit zu vielen PiS-Parteigängern besetzt worden war. Dann benutzte PiS den Regierungseinfluss auf die Staatsbetriebe (besonders den Treibstoffkonzern Orlen SA) dazu, einem deutschen Investor seine Regional- und Lokalmedien abzukaufen und die zu säubern. Große Teile der vierten Gewalt waren damit unter Regierungskontrolle. Die dritte Gewalt, die Justiz, wurde mit Disziplinarmaßnahmen und der Entsendung von immer mehr Staatsanwälten in die Richterschaft und die justiziellen Aufsichtsgremien unter Druck gesetzt. Mehrere Kammern des Obersten Gerichtshofs und das Verfassungstribunal wurden mit Parteigängern besetzt. Mit entsprechenden Verordnungen und Gesetzen sorgten Regierung und Präsident dafür, dass die Präsidentinnen beider Gerichte die Möglichkeit erhielten, beinahe vollkommen willkürlich über das Funktionieren der Spruchkammern und des Plenums zu entscheiden.

Es wäre falsch, das nur als Stärkung der Exekutive zu betrachten. Die Position des Präsidenten wurde dadurch nämlich schwächer. Seit die Regierung das Verfassungstribunal und seine Rechtsprechung kontrolliert, ist sein Recht, ein Gesetz dem Tribunal zur Prüfung vorzulegen, obsolet geworden. Will er ein Gesetz blockieren, muss er sein Veto einlegen – aber das kann der Sejm mit einer Drei-Fünftel-Mehrheit überstimmen. Ein vernichtendes Urteil des Verfassungstribunals, initiiert durch den Präsidenten, kann niemand überstimmen.

Nicht die Exekutive als Ganze, sondern die Regierung ist in den letzten acht Jahren immer stärker geworden und hat die anderen Gewalten dominiert. Das ging etwas unter, weil die Regierenden oft dilettantisch agierten oder beim Regieren über ihre eigenen Füße fielen. Das ändert nichts daran, dass die Geheimdienste nun jeden fast unbegrenzt abhören können, dass die Polizei willkürlich festnehmen kann, wen sie will, und die Staatsanwaltschaften, die politisch gesteuert sind, das Strafrecht so selektiv anwenden können, wie man das früher nur aus der Ukraine und Belarus kannte: Wen die Regierung mag, der kann sich alles erlauben, wen die Regierung nicht mag, der kann sich nichts mehr erlauben. Grenzen bestehen nur noch da, wo unabhängige Richter entscheiden – aber ungefähr ein Viertel aller Richter ist inzwischen nicht mehr unabhängig.

Seit der Pandemie kann die Regierung de facto per Dekret regieren, es genügt eine Verordnung. Gibt es für sie keine gesetzliche Grundlage oder verstößt sie gegen die Verfassung, genügt es zu warten, bis jemand sie vor das Verfassungstribunal bringt. Das winkt sie durch, und alles ist in Ordnung. Und der Präsident kann Verordnungen weder blockieren noch ans Tribunal überweisen – er bekommt sie gar nicht erst.

Die Regierung ist die Herrin der Verwaltung, und die ist in Polen zentralistisch. Und sie ist Herrin des Haushalts. Sie schickt die Polizei los, schickt den Beamten Anweisungen und entscheidet, wer Geld bekommt und wer nicht.

Es gibt einen Einwand dagegen, eine solche Ordnung eine Autokratie zu nennen: Auch PiS hat nie versucht, Wahlen abzuschaffen, sie hat im Gegenteil 2020 alles getan, sie wie vorgesehen durchzuführen und den Ausnahmezustand nicht verhängen zu müssen. Wahlen an sich sind aber kein gutes Unterscheidungsmerkmal zwischen Demokratien und Autokratien. Abgesehen von einigen Monarchien wie Saudi-Arabien und Marokko und Einparteiendiktaturen wie China und Nord-Korea gibt es überall auf der Welt inzwischen allgemeine Wahlen. Selbst die blutigsten Diktatoren dieser Welt wie Wladimir Putin und Bashar al-Assad lassen sich ihre Legitimität gerne in Wahlen bestätigen. Nur sind diese Wahlen in der Regel zwar allgemein, gleich, geheim und direkt, aber weder frei noch fair, weshalb man meist im Voraus weiß, wer sie gewinnt. Dass sie stattfinden, bietet eine Möglichkeit, die Machthaber abzulösen – wie 2000 in Jugoslawien und Kroatien – aber das allein macht ein Land noch nicht zu einer Demokratie. Wenn eine Regierung den Abstimmungsprozess, die Wahlbürokratie, den Auszählungsprozess und das Gericht kontrolliert, das über die Gültigkeit der Wahlen entscheidet, wenn sie die Opposition abhört und beliebig manipulieren kann und es Landesteile gibt, in denen sie ein Medienmonopol hat und dieses Monopol für ihre (und nur für ihre) Propaganda missbraucht, kann man, wie manche meiner Kollegen das tun, von „kompetitiver Autokratie" oder einem „hybriden System" (irgendetwas zwischen Demokratie und Diktatur) reden, aber nicht mehr von Demokratie. Wenn Polen also nach acht Jahren PiS-Herrschaft eine Autokratie, ein Polizeistaat ist, dann wäre es die Aufgabe der neuen Regierung, es wieder demokratisch zu machen. Nur geht das leider nicht mehr, denn dadurch, dass die PiS aus der Regierung verschwunden ist, folgt nicht, dass sie keine Macht mehr hat.

Für jedes Gesetz, das die Regierung Tusk im Parlament verabschieden lassen will, braucht sie die Zustimmung des Präsidenten. Er kann jedes Gesetz per Veto blockieren, dann braucht die neue Regierung zumindest einen Teil der PiS-Stimmen um das Veto mit einer Drei-Fünftel-Mehrheit zu überstimmen. Der Präsident kann Gesetze aber auch an das Verfassungstribunal zur Überprüfung schicken. Dann gibt es zwei Möglichkeiten: Es entscheidet schnell und kassiert das Gesetz, dann ist es vom Tisch. Oder die Richter fallen übereinander her, wie sie das in den letzten Monaten getan haben, und bekommen kein Urteil zustande, dann liegt das Gesetz auf Eis, bis sie es sich anders überlegen. Aber selbst wenn der Präsident beschließen sollte, der neuen Parlamentsmehrheit aus der Hand zu fressen, so kann schon eine kleine Gruppe Abgeordneter auf eigene Faust eine Überprüfung durch das Verfassungstribunal beantragen. Hinzu kommt: In der Nationalbank, in der Finanzaufsicht, im Obersten Gerichtshof haben auf absehbare Zeit immer noch die Parteigänger der PiS das Sagen. Präsidentschaftswahlen sind erst im Herbst 2024. Bis dahin ist er also aus, der Traum vom Regieren und Demokratisieren.

Es sei denn, die Regierung Tusk, die angetreten ist, mehr Demokratie zu wagen, bedient sich dabei der ganzen Wucht des Polizeistaats, den sie von PiS geerbt hat, und kehrt ihn gegen seine Erfinder. PiS erließ Verordnungen, die gesetzwidrig und verfassungswidrig waren? Das kann Tusk sicher auch. Eine Verordnung kann der Präsident nicht blockieren. Das könnte das Verfassungstribunal tun, aber hat PiS nicht seit 2016 fast zur Gewohnheit werden lassen, unbequeme Urteile des Tribunals gar nicht erst zu veröffentlichen? Seit die Kontrolle der Druckerei im Ministerratsgebäude wichtiger ist als der Inhalt von höchstrichterlichen Urteilen, hat jede Regierung in Polen plötzlich eine Menge Beinfreiheit. Ein Schelm, wer Böses dabei denkt, aber man könnte ja auch auf die Idee kommen, im Parlament ganz reguläre Gesetze zu verabschieden und sie ganz besonders schnell zu veröffentlichen, so schnell, dass sie in Kraft treten, bevor sie der Präsident blockieren oder an das Verfassungstribunal überweisen kann. Das wäre nicht sehr rechtsstaatlich und auch nicht demokratisch, nun ja, aber es wäre effektiv. Sollten der Präsident und die PiS-Abgeordneten dagegen Sturm laufen – nun ja, die Regierung mit ihrer Parlamentsmehrheit ist auch Herrin über den Staatshaushalt, über den der Präsident sein Amt finanziert. Und der Sejm-Marschall hat dank der von PiS vorgenommenen (recht undemokratischen) Geschäftsordnungsänderungen nun jede Macht, um randalierende Oppositionsvertreter in die Schranken zu weisen. Sollte die Regierung dabei etwas Ungesetzliches tun, kann sie sich damit trösten, dass sie dank der PiS-Justizreform die Staatsanwaltschaften so steuern kann, dass diese nur gegen Regierungsgegner, aber auf keinen Fall gegen Regierungsmitglieder vorgehen.

Wie eng die Daumenschrauben werden können, die die neue Regierung ihren Vorgängern anlegen kann, zeigt das Beispiel Ausnahmezustand: PiS hat die Vorschriften dafür – die früher Verfassungsrang hatten – per Gesetz dem Innenminister anheimgestellt, der sie dann per Verordnung an der belarusischen Grenze anwandte. Ausnahmezustand per Verordnung, ohne Kontrolle durch Parlament und Gerichte – ist das nicht der Traum eines jeden Diktators? Und was, wenn man so die Widerstände gegen eine Re-Demokratisierung Polens beseitigt?

Das ist das Dilemma, vor dem die neue Regierung steht: Sie kann streng nach Vorschrift vorgehen und über jedes neue Gesetz wochen- und monatelang mit dem Präsidenten und dem Verfassungstribunal Kompromisse aushandeln, brav dessen Urteile drucken, selbst wenn sie ihr das Regieren unmöglich machen. Dann wird Polen auch nicht demokratischer als es bisher war, und viele der Bedingungen, die die EU für die Auszahlung des Wiederaufbaufonds und der Struktur- und Kohäsionsmittel stellt, bleiben unerfüllt.

Oder sie kann der Opposition zeigen, wo der Hammer hängt. Dann regiert sie mit Dekreten, kürzt dem Präsidenten für jedes Veto den Haushalt, druckt nur die Urteile des Verfassungstribunals, die ihr gefallen, und legt der PiS alle Daumenschrauben an, die sich die Partei in den letzten acht Jahren für die Opposition ausgedacht hat. Dann gibt es vielleicht mehr Geld aus Brüssel, aber demokratischer wird Polen dadurch auch nicht.

Als Jarosław Kaczyński und seinen Getreuen klar wurde, dass sie die Wahlen so deutlich verlieren würden, dass auch Manipulationen oder Wahlfälschungen keinen Sinn mehr machten, gründeten sie per Gesetz eine Untersuchungskommission zur Bloßstellung „russischer Einflüsse" in Polen. Eine Gruppe vom Parlament gewählter externer Experten sollte russische Einflussagenten bloßstellen und ihnen die Ausübung öffentlicher Ämter verbieten können. Es ist bis heute nicht einmal klar, ob es sich bei dem Gremium um ein Verwaltungsorgan oder ein Gericht handelt, aber seine Entscheidungen sollten unanfechtbar und endgültig sein, seine Mitglieder dagegen niemandem gegenüber Verantwortung tragen. Diese moderne Form der Inquisition tagte ein paarmal vor der Wahl und veröffentlichte dann, unmittelbar bevor die neue Parlamentsmehrheit die Kommissionsmitglieder abberief, einen Bericht, in dem Tusk und einigen anderen prominenten Oppositionspolitikern bescheinigt wurde, russische Einflussagenten zu sein. Das stand in einem gewissen Spannungsverhältnis zur Tatsache, dass sich die von Justizminister Zbigniew Ziobro mit Parteisoldaten besetzte und ferngelenkte Staatsanwaltschaft acht Jahre lang vergeblich bemüht hatte, Tusk irgendeine Straftat nachzuweisen. Ziobros Staatsanwälte hatten getan, was sie konnten, die Ermittlungen reichten von Betrug und Korruption über Hochverrat und Vetternwirtschaft, aber am Ende war keine einzige Anklageschrift dabei herausgekommen. Der Inquisitionsbericht sollte, so kurios er war, offenbar als Vorwand für Präsident Duda dienen, die Vereidigung Tusks als Ministerpräsident abzulehnen. Damit hätte Polen mit einer neuen Regierung auch gleich eine neue Verfassungskrise bekommen.

Allerdings hätte die neue Regierung den Spieß auch umdrehen, das Gremium neu besetzen und dann ausgewählten PiS-Größen für zehn Jahre verbieten können, öffentliche Ämter zu bekleiden. Das lehnte Tusk ab. Und so gab es eine Art Waffenstillstand mit Präsident Duda: Der erklärte, er werde Tusk trotz des Kommissionsberichts vereidigen, und Tusk verzichtete darauf, PiS in die Grube zu stoßen, die ihm die Partei gegraben hatte.

Das klang versöhnlich und spielte sich alles noch vor Weihnachten ab. Dann gab es kurz vor den Feiertagen einen Donnerschlag, der darauf hindeutete, dass sich in der neuen Regierung die Hardliner durchgesetzt hatten. Zum ersten Mal legte die neue Regierung der PiS Daumenschrauben an, die die PiS selbst erfunden hatte. Deren Parteigänger saßen noch immer in den Leitungsgremien des „Rats der Nationalen Medien“, der nach einem Gesetz, das gegen die Verfassung verstieß, einzig berechtigt war, den Vorstand des staatlichen Fernsehens und des Rundfunks zu besetzen. Nach der Verfassung hatte dieses Recht der Landesrundfunk- und Fernsehrat, aber den hatte PiS 2016 verfassungswidrig entmachtet. Auch dort hat PiS eine Mehrheit. Während in allen staatlichen Fernseh- und Rundfunkkanälen die gleiche Propaganda über Tusk, den deutschen Agenten und die „Koalition vom 13. Dezember“[19], „die unser Land mit Migranten überfluten wird“ weiterlief, als wäre nichts geschehen, nutzte der neue Kultusminister, Bartłomiej Sienkiewicz, eine juristische Finte. Als Minister war er zugleich die Hauptversammlung der Fernseh- und Rundfunk AG, die nach polnischem Aktienrecht den Aufsichtsrat besetzen durfte. Also besetzte der Minister den Aufsichtsrat mit einem Gefolgsmann, der sofort den alten Vorstand feuerte und seinen eigenen einsetzte. Damit nichts schieflief, wurde kurz der Sendebetrieb unterbrochen, dann gingen die ersten Kündigungen an leitende Angestellte heraus. Rechtzeitig zu Weihnachten gab es zum ersten Mal wieder propaganda-freie Nachrichten zur Hauptsendezeit, mit neuen Gesichtern und neutralen Inhalten. PiS-Abgeordnete versuchten, die Ereignisse aufzuhalten, indem sie Räume in den Fernsehanstalten und bei der staatlichen Nachrichtenagentur PAP besetzten, gaben aber unter den Feiertagen auf. Für die PiS und ihre Journalisten wurde die Aktion zu einer gewaltsamen Übernahme. Interessant dabei: Das Verfassungstribunal hat solche Veränderungen per einstweiliger Verfügung untersagt, die Regierung hat das Urteil veröffentlicht (aber mit dem Hinweis versehen, dass ein daran Beteiligter kein unabhängiger Richter ist) – und es dann ignoriert. Von diesem Moment an verwandelten sich Präsident Duda und ein Großteil der PiS-Führung in inbrünstige Verteidiger von Demokratie, Rechtsstaat, Verfassungstreue und Medienpluralismus.

Ein Winternachtsalbtraum

Wer also gehofft hat, mit dem Erdrutschsieg der demokratischen Parteien und dem Amtsantritt der Regierung Tusk werde die Demokratie in Polen wieder erblühen, der wacht bald mit einem ausgewachsenen Kater aus diesem Winternachtsalbtraum auf.

Wie die neue Regierung mit dem Dilemma umgeht, hat weit über Polen hinaus Bedeutung, denn sie muss dabei ein Dilemma lösen, das es so in Europa seit Jahrzehnten nicht mehr gegeben hat, aber bald wieder geben könnte. Es war die polnische Regierung, die mit ihrem Veto EU-Sanktionen gegen Ungarn verhindert hat. Diesen Schutzschirm wird die neue Regierung wohl einklappen – und dann wird es für den ungarischen Satrapen, der von EU-Geldern viel stärker abhängt als das bei der PiS der Fall war, sehr, sehr eng. Und wer immer dann dort an die Macht kommt, steht vor dem polnischen Dilemma: Wie mache ich mein Land wieder demokratisch, ohne auf undemokratische Mittel zurückzugreifen? Wäre die letzte Präsidentschaftswahl in der Türkei anders ausgegangen, Kemal Kılıçdaroğlu hätte dasselbe Dilemma erlebt.

Natürlich kann eine solche Regierung auf die PiS-Methode zurückgreifen und den gordischen Knoten mit dem Schwert zerschlagen. Sie kann unter einem Vorwand den Ausnahmezustand ausrufen und grundlegende Freiheiten einschränken, die gegnerische Partei zerschlagen und verbieten, Richter und Gerichte unter Druck setzen und führenden Vertretern der Besiegten ein Angebot machen, das sie nicht ablehnen können: dass sie heil aus der Sache herauskommen, wenn sie genug Belastungsmaterial gegen ihre früheren Kumpane liefern. Aber welcher demokratische Staatsmann will schon in die Geschichte eingehen als derjenige, der beim Versuch, die Demokratie zu retten, sie vollkommen abschaffte?

Woran man sieht: Die Gefahr, die populistische, nationalistische und autoritäre Parteien für die Demokratie darstellen, verschwindet durch ihre Abwahl nicht. Der Staat, der durch ihre Machenschaften entsteht, kann hemmungslos durchregieren. Und für eigentlich demokratische Nachfolger ist die Versuchung dann groß, seine gesamte Wucht einfach gegen die bisherigen Machthaber zu richten – und ihnen damit immer ähnlicher zu werden. Die Lage jetzt wird in Polen oft mit 1989 verglichen, als eine Übergangsregierung, die ihre Vorgänger straflos ließ, den Übergang zur Demokratie verhandelte. Es gibt aber einen wichtigen Unterschied: Die Kommunisten lösten sich als Partei selbst auf, viele ihrer leitenden Kader gaben ihre politischen Ambitionen auf und gingen in die freie Wirtschaft, wo sie, wie ein damaliger Bundesgenosse Kaczyński einmal sagte, „ihre Parteibücher in Scheckbücher eintauschten". Dieser Weg steht Kaczyńskis Leuten nicht offen, sie kommen in der freien Wirtschaft nicht zurecht und können mit Scheckbüchern nicht umgehen. Sie werden um die Nabelschnur zu Steuergeldern, die ihr Überleben sichert, kämpfen wie die Löwen – und damit ihre Gegner dazu zwingen, auf alle Waffen zurückzugreifen, die ihnen (dank PiS) zur Verfügung stehen, egal, ob es sich dabei um ein Florett oder einen Vorschlaghammer handelt.

Das ist das Gefährliche an rechtspopulistischen Parteien – wer sie beerbt, wird ein wenig wie sie selbst. Oder kann gleich wieder gehen.

So wie es jetzt, im Januar 2024, während ich diese Zeilen schreibe, aussieht, scheint sich die neue Regierung nicht nur nicht für eine der denkbaren Varianten entschieden zu haben, das Dilemma, vor dem sie steht, scheint ihr gar nicht klar zu sein. Auf entsprechende private und öffentliche Nachfragen kam als Antwortet jedes Mal ein ratloses Schweigen oder das Eingeständnis, keine Antwort parat zu haben. Sicher ist, dass der Druck von unten, die autokratische Variante anzuwenden, ohne sie natürlich so zu benennen, schon jetzt enorm ist. Richter, die acht Jahre auf eine Beförderung verzichtet haben, während ihre Konkurrenten manchmal vom Amtsgericht innerhalb eines Jahres in den Obersten Gerichtshof katapultiert wurden, Journalisten, die acht Jahre lang mit kleinen Online-Portalen und als freie Mitarbeiter überwintert haben und jetzt erfahren, dass ihre opportunistischen Konkurrenten sich mit ihren Ersparnissen Vorortvillen bauen können – sie alle wollen, dass sich schnell und radikal etwas ändert.

Mag sein, dass viele der gerade an die Macht Gekommen wirklich lupenreine Demokraten sind. Aber die Umstände sind einfach nicht so. Ein relativ harmloses Beispiel: Vor acht Jahren verurteilte ein Warschauer Richter (der danach acht Jahre drangsaliert wurde) vier hohe Beamte des „Zentralen Anti-Korruptionsbüros" wegen Machtmissbrauch und Dokumentenfälschung. Zwei davon waren hohe PiS-Funktionäre, die nach der Wahl 2015 hohe Staatsämter anstrebten: Mariusz Kamiński wurde Geheimdienstkoordinator und dann Innenminister, Maciej Wąsik wurde Staatssekretär im Amt des Ministerpräsidenten. Auf solchen Posten darf man nicht vorbestraft sein. Also begnadigte Präsident Duda die beiden (die anderen beiden, die keine PiS-Granden waren, allerdings nicht) nach dem Urteil der ersten Instanz, also noch vor dem rechtskräftigen Urteil und damit zu einem Zeitpunkt, als sie juristisch noch unschuldig waren. Es folgte ein Aufschrei polnischer Juristen. Acht Jahre spielten polnische Gerichte mit dem Fall Pingpong, bis die zweite Instanz dann das Urteil bestätigte. Da waren die beide aber schon wieder Abgeordnete. Als rechtskräftig Verurteilte hatten sie aber ihre Wählbarkeit verloren, worauf Sejmmarschall Hołownia ihnen den Zugang zum Plenarsaal verwehrte. Die beiden klagten vor dem Obersten Gerichtshof. Die von PiS geschaffene „Außerordentliche Kontrollkammer" gab ihnen recht, die von Hołownia angerufene, mit vor 2017 ernannten Richtern besetzte Kammer für Arbeitsrecht gab Hołownia recht. Auf einmal wurde klar: Jede Seite, Regierung und Opposition, hatte nach acht Jahren Justizreform „ihre Richter", die so entschieden, wie es ihr passte. PiS hat einen Teil des Obersten Gerichtshofs und das Verfassungstribunal, die Regierung Tusk hat den Rest, aber der hat in den Institutionen nicht viel zu sagen. Und wenn eine Seite sich in diesem Machtkampf durchsetzt, geht die andere Seite hinter Gitter. Bleibt Tusk an der Macht, gehen Kamiński und Wąsik ins Gefängnis, kommt PiS zurück, droht Kulturminister Sienkiewicz das Gleiche, weil er die Fernseh- und Rundfunk AG nach Aktienrecht statt nach einem von PiS verabschiedeten „Gesetz über den Nationalen Medienrat" und entgegen einer einstweiligen Verfügung des Verfassungstribunals aufgelöst hat. Wohlmeinende, kompromissbereite Schöngeister (zu denen ich mich auch zähle) könnten da auf die Idee kommen, Tusk und Duda sollten einfach Kompromisse aushandeln: hier ein wenig mehr Demokratie, dort Pfründe für Duda, hier ein Auge zudrücken, dort ein Zugeständnis an die PiS. Der Deal über das gemeinsame Ignorieren der

Kommission gegen russische Umtriebe zeigt: Das kann funktionieren. Aber wie soll eine Regierung, die Polen wieder rechtsstaatlich machen will (und wegen der EU-Gelder auch muss) einen Kompromiss mit dem Verfassungstribunal aushandeln, das von 50 Sejm-Abgeordneten oder 30 Senatoren angerufen werden und dann jedes Gesetz aufheben kann? Wie soll sie einerseits dafür sorgen, dass die Staatsanwälte und Richter wieder unabhängig von der Regierung entscheiden können, und dann dafür sorgen, dass PiS-Politiker in ausgewählten, mit Duda und Kaczyński ausgehandelten Fällen um des lieben innenpolitischen Friedens willen straffrei bleiben? Selbst wenn die Regierung ein solches Abkommen garantieren könnte, weder Duda noch Kaczyński können dafür sorgen, dass es von ihren Abgeordneten und Richtern auch eingehalten wird. Während Hołownia noch mit Experten und Regierungsvertretern darüber beriet, wie mit Wąsik und Kamiński umzugehen sei, gab ein Warschauer Amtsrichter der Polizei bereits die Anweisung, die beiden in ihre Justizvollzugsanstalt einzuweisen.

Es kann doch nicht alles schlecht gewesen sein

Nach dieser erklärterweise subjektiven, weil auf eigener Erfahrung beruhenden Geschichte darüber, wie eine Regierung in acht Jahren unter pathetischen Slogans über moralische Reinheit, machtpolitische Größe und ideologische Einigkeit ihr Land an die Wand fuhr, ihre Bevölkerung gegen sich aufbrachte und die Wahlen verlor, stellt sich eine Frage eigentlich von selbst: War denn wirklich alles schlecht?

Die Antwort ist: nein. Vieles, was PiS tat, war gut und neu. Aber das Neue war selten gut, und das Gute selten neu. Und das Beste, was PiS erreichte, war fast immer das Gegenteil dessen, was PiS nach eigenen Angaben erreichen wollte. Kein PiS-Politiker würde vermutlich Lob dafür akzeptieren, Polens Feminismus radikalisiert und zur Emanzipation junger Frauen beigetragen zu haben. PiS hatte nie vor, den Wertewandel in Polen dermaßen voranzutreiben, die Wahlbeteiligung auf eine bis dahin nie gekannte Höhe zu treiben, die Richterschaft in eine politisch denkende, pro-europäische Oppositionsbewegung zu verwandeln, Polens zerstreute Linke zu einigen und dem Land eine Lektion in Demokratie und Rechtsstaatlichkeit zu erteilen, die alles in den Schatten stellt, was eine polnische Variante der Bundeszentrale für politische Bildung hätte erreichen können. Bis 2015 waren zwei Drittel der Polen in Umfragen Anhänger der Demokratie, aber sie begriffen Demokratie nur als Herrschaft der Mehrheit, nicht als Minderheitenschutz, nicht als Rechtsstaatlichkeit, nicht als Gewaltenteilung und Mittel, den Bürger vor der Willkür des Staates zu schützen. Das hat sich nun geändert: Seit acht Jahren diskutieren die unabhängigen Medien nicht mehr über Souveränität, sondern über Rechtsstaatlichkeit, Minderheitenschutz, Gewaltenteilung und die Vorteile einer unabhängigen Justiz. Fast jedem ist jetzt klar, dass eine unabhängige Richterschaft und ein von Regierung und Parlament unabhängiges Verfassungsgericht keine Privilegien einer abgehobenen Minderheit, sondern Mittel sind, sie vor Exzessen wie der Steuerreform von 2021 zu schützen, bei der die Steuergesetze im laufenden Haushaltsjahr auf den Kopf gestellt wurden.

Vergleicht man, was die PiS erreichen wollte und was davon sie erreicht hat, ist die Bilanz auch ernüchternd:

Sechs Jahre nach der Ankündigung, eine Million Elektroautos zu produzieren, ist zwar das Grundstück für die Fabrik abgeholzt und ein Prototyp der Presse vorgeführt worden, aber wenn in Polen E-Autos fahren, handelt es sich dabei um Teslas, deutsche und japanische SUV und japanische Hybridautos. Weder die angekündigten Atommeiler noch der Erdogan-ähnlich großspurige Zentralflughafen bei Łódź sind aus der Planungsphase herausgekommen. Der Arbeitskräftemangel hat sich durch die Einführung des Kindergeldes (und seine Erhöhung auf knapp 200 Euro), durch das es sich für Frauen aus einkommensschwachen Familien nicht mehr lohnt, Arbeit zu suchen, leicht verschärft. Demographisch ist Polen weiter eingebrochen, die Zahl der Kinder pro Frau geht weiter zurück, nicht zuletzt wegen der Privatisierung öffentlicher Dienstleistungen und des beinahe totalen Abtreibungsverbots. Christlicher ist Polen auch nicht geworden – die Säkularisierung galoppiert geradezu.

Natürlich war die Einführung des Kindergeldes an sich eine gute Idee – wenn sie nicht zu Lasten öffentlicher Dienstleistungen gegangen wäre und ein klares Ziel gehabt hätte. Tatsächlich war sie eine typische Gießkannen-Subvention: Wollte man damit Kinderarmut bekämpfen, hätte man sie an gutsituierte Familien nicht auszahlen dürfen. Wollte man damit junge Familien dazu animieren, Kinder zu bekommen, hätte man die Zahlungen besser an die Unter- und Mittelklasse adressiert und mit einem besseren Zugang zu Kindergärten, Kitas und Schulen angereichert. Sie an Wohlhabende zu verteilen, war überflüssig; für sie fiel der zusätzliche Vorteil von monatlich 500 Złoty kaum ins Gewicht. Das war bei anderen mit der Gießkanne verteilten Subventionen wie der dreizehnten und vierzehnten Rentenzahlung ähnlich. Es war, wie so oft, eine gute Idee, die schlecht ausgeführt wurde.

Acht Jahre nachdem Beata Szydło Ministerpräsidentin und Andrzej Duda Präsident wurden und versprachen, Polen aus den Ruinen, die die Vorgängerregierung angeblich hinterlassen hatte, neu aufzubauen und zu einer souveränen Großmacht zu erheben, die „den Deutschen" zeigen werde, wo der Bartel den Most holt, ist das Gegenteil eingetreten: Schritt für Schritt hat die Justizreform dazu geführt, dass europäische Richter, die EU-Kommission und das EU-Parlament über die Entscheidungsabläufe in der polnischen Justiz bestimmen. Wenn erst alle externen Fonds wieder in den Staatshaushalt zurückgeführt sind und den EU-Fiskalregeln unterliegen werden, wird die EU-Kommission auch über die polnische Fiskalpolitik bestimmen, denn dann wird Polen wegen Verstoß gegen die EU-Stabilitätskriterien wieder unter das Verfahren gegen ein übermäßiges Haushaltsdefizit fallen. Ziobro hatte Recht: Als Morawiecki mit Ursula von der Leyen den Wiederaufbaufonds aushandelte, verkaufte er einen Teil der polnischen Souveränität für Zugang zu EU-Geldern. Es war der einzige Ausweg aus einer Lage, in die ihn Ziobro mit seiner Justizreform gebracht hatte. Ohne sie wären die Gelder nämlich automatisch geflossen.

Dass die Justizreform krachend Schiffbruch erlitt, ist nicht die Schuld der EU: Verfahren dauern heute deutlich länger als vor 2015, tausende Richterstellen sind unbesetzt, weil viele Richter unter den von Ziobro und Duda geschaffenen Bedingungen keine Karriere machen wollen, die Richterschaft ist jetzt so, wie sie PiS-Politiker 2016 (und damals falsch) beschrieben haben: zutiefst parteipolitisch gespalten in drangsalierte PiS-Gegner und PiS-

Unterstützer, die in den letzten acht Jahren Karrieren gemacht haben, die sie jetzt gegen die neuen Machthaber verteidigen wollen.

Es gibt einen Bereich, in dem die PiS-Politik strahlt wie ein einsamer Leuchtturm über einem stürmischen, dunklen Meer – besonders wenn man sie mit dem vergleicht, was zur gleichen Zeit in der Bundesrepublik geschah: Als dort noch Helme in die Ukraine geliefert wurden und die Ampel über eine Definition von schweren Waffen und bürokratischen Ringtausch von alten Leopard-Panzern debattierte, lieferte Polen schnell und unbürokratisch sehr viele und sehr schwere Waffen an die Ukraine. Als Bundespräsident Steinmeier und Olaf Scholz noch über den ukrainischen Botschafter Andrij Melnyk beleidigt waren, saßen Morawiecki und Kaczyński bereits im Nachtzug nach Kiew. Dass Kaczyński dabei ohne Rücksprache mit Diplomaten (und mit der NATO) eine „NATO-Friedensmission" forderte, lasse ich jetzt einmal beiseite. Ich muss zugeben: Das politische Klima gegenüber der Ukraine war in Polen nach dem 22. Februar 2022 deutlich angenehmer als in Deutschland. Das gilt auch für die Ukrainer selbst, denen schnell und unbürokratisch geholfen wurde, wobei die Regierung, sagen wir es positiv, nicht allzu sehr störte. Einen Fehler sollte man allerdings nicht machen, nämlich die PiS für pro-ukrainisch zu halten. Es gibt sehr pro-ukrainische Politiker und Intellektuelle bei der Partei, allerdings haben sie in der Vergangenheit in der Regel jede noch so haarsträubende Wendung ihrer Parteiführung mitvollzogen – auch die Verabschiedung eines Gesetzes, das die Leugnung eines angeblichen ukrainischen Genozids an der polnischen Bevölkerung in der Endphase des Zweiten Weltkrieges mit einer Gefängnisstrafe bedroht.

Das Gesetz ist übrigens als Teil des IPN-Gesetzes von 2018 immer noch in Kraft, das Verfassungstribunal hat nur die Holocaust-bezogenen Teile kassiert.

Statt Protest gab es dann im Herbst 2023 rauschenden Beifall für die Partei- und Staatsführung, als diese entdeckte, dass sie die Kontrolle über die unbürokratischen Getreideexporte aus der Ukraine verloren hatte und das Getreide statt in Afrika bei polnischen Geschäftemachern gelandet war, die damit die Preise drückten und die polnischen Bauern auf die Palme brachten. Von einem Tag auf den anderen spielte die PiS-Führung die anti-ukrainische Karte im Wahlkampf aus, um den anti-ukrainischen Nationalisten der „Konföderation" den Wind aus den Segeln zu nehmen. Nein, PiS war und ist nicht pro-ukrainisch, die Partei ist, zumindest was ihre Rhetorik angeht, vor allem anti-russisch, und es war dieser Aspekt, der ihre Politiker dazu brachte, die Ukraine militärisch zu unterstützen.

PiS ist eine rechtspopulistische Partei, und als solche entzieht sie sich vielen Maßstäben, die man gewöhnlich an demokratische Parteien anlegt. Niemand würde einer kommunistischen Partei vorwerfen, antikapitalistisch zu sein oder Nationalisten wegen ihrer Intoleranz gegenüber anderen Nationen kritisieren. Eine Partei, die acht Jahre lang gegen ihre Verfassung verstoßen hat, kann man nur mit Parteien vergleichen, die ein ebenso problematisches Verhältnis zu Rechtsstaat und Demokratie haben.

Bei einem solchen Vergleich fällt PiS in dreierlei Hinsicht positiv auf:

Erstens: Sie hat zwar auf europäischer Ebene an Bündnissen mit pro-russischen rechtsradikalen und rechtspopulistischen Parteien gebastelt, hat sich aber in der Verteidigungs- und Außenpolitik an den grundlegenden geopolitischen Konsens in Polen gehalten: Russland ist eine Bedrohung, kein Partner.

Zweitens hat sie, anders als Jair Bolsonaro und Donald Trump, die COVID-19-Pandemie nie negiert und nie versucht, Impfkampagnen zu verhindern. Die waren in Polen übrigens deutlich weniger bürokratisch, viel patientenfreundlicher und besser organisiert als in Deutschland.

Der dritte Aspekt ist einigermaßen doppeldeutig: Die PiS hat, bewusst oder nicht, acht Jahre lang mit dem Aufbau einer politischen Ordnung zugebracht, die sehr viel mit rechtspopulistischen Präsidialdemokratien und Diktaturen in Lateinamerika und Afrika gemeinsam hat. Dort werden staatliche Dienstleistungen zurückgeschraubt oder abgeschafft und durch Direktzahlungen ersetzt, was makroökonomisch der Wirkung von Steuersenkungen ähnelt, aber Stimmenkauf und Korruption fördert. Wenn regierende Eliten Staatsbetriebe melken und Steuergelder in ihre Taschen umlenken, muss das nicht unbedingt der Entwicklung des Landes schaden. Alles hängt davon ab, wo diese Gelder investiert werden. Werden sie in inländische Betriebe investiert, die auf intakten Märkten funktionieren müssen, vertieft ein solches System zwar den Graben zwischen Arm und Reich, aber schadet der Entwicklung weit weniger, als wenn die Kleptokraten in der Regierung ihre Beute in Luxus-Immobilien an der Cote d'Azur stecken. Dass Polens politische und wirtschaftliche Elite Letzteres tut, ist bisher nicht bekannt.

ANMERKUNGEN

1 Piotr Gliński und Jacek Wasilewski (Hrsg): Katastrofa smoleńska: Reakcje społeczne, polityczne i medialne, Wydawnictwo IFIS PAN, Warszawa, dazu auf Deutsch auch Klaus Bachmann: Der Bruch. Ursachen und Konsequenzen des Umsturzes der Verfassungsordnung Polens 2015–2016, Berlin: Peter Lang 2016.

2 Bis dahin waren Verfassungsrichter fast immer mit einer breiteren Unterstützung im Sejm als der erforderlichen absoluten Mehrheit gewählt worden und galten als von der Regierung unabhängig (und überwiegend als konservativ). Erst PiS begann, das Verfassungstribunal als eine Art dritter Parlamentskammer zu sehen, in der sich eine Regierung eine Mehrheit verschaffen musste, um durchregieren zu können. Ab 2015 wurden Verfassungsrichter dann auch nur noch mit den Stimmen von PiS und ohne Unterstützung der Opposition gewählt, und sehr oft waren es Juristen, die in ihrem Umfeld nicht den besten Leumund hatten. Klaus Bachmann: Politik in Polen, Stuttgart: Kohlhammer Verlag 2020, S. 145–147.

3 Julia Przyłębska hatte in Posen als Fachfrau für Versicherungsrecht gegolten, hatte sich dort mit ihrem Gericht überworfen und 1998 das Richteramt aufgegeben. Als sie begann, als Verfassungsrichterin Klagen zu behandeln, in denen die Regierung Partei war, war ihr Ehemann bereits Botschafter in Berlin. Sie wohnte dort auch während ihrer Tätigkeit als Verfassungsrichterin, ohne sich bei einem einzigen Streitfall für befangen zu erklären. Im Gegensatz zu den meisten anderen Verfassungsrichtern hatte sie keinen Professoren-, sondern nur einen Magistertitel.

4 Art. 187 der Verfassung von 1997 besagt: Der Landesrat für Gerichtswesen besteht aus:
– dem Ersten Präsidenten des Obersten Gerichtes, dem Justizminister, dem Präsidenten des Obersten Verwaltungsgerichts und einer vom Präsidenten der Republik berufenen Person,
– fünfzehn Mitgliedern, die aus der Mitte der Richter des Obersten Gerichts, der ordentlichen Gerichte, der Verwaltungs- und Militärgerichte gewählt worden sind,

– vier Mitgliedern, die vom Sejm aus der Mitte der Abgeordneten und zwei Mitgliedern, die vom Senat aus der Mitte der Senatoren gewählt worden sind.

Unter den Bedingungen von 2017 konnte die PiS also einen Vertreter des Präsidenten, ihren Justizminister, sowie maximal sechs Abgeordnete und Senatoren in den Rat berufen, also acht von 25 Mitgliedern. Nach der Gesetzesänderung kamen dazu alle fünfzehn unter Punkt 2 genannten Ratsmitglieder, die nun vom Parlament (mit absoluter Mehrheit) ernannt wurden, statt von den Richtervereinigungen gewählt zu werden.

5 Wojciech Moskwa: Has Poland's government become a threat to business? Bloomberg 23.9.2019, https://www.bloomberg.com/news/articles/2019-09-23/has-poland-s-government-become-a-threat-to-business

6 Lech Walesa gegen Polen, Urteil vom 23.11.2023, https://hudoc.echr.coe.int/eng#{%22itemid%22:[%22001-229366%22]}

7 Julian Wolfseger: Vollstreckbarkeit eines Europäischen Haftbefehls im Zusammenhang mit dem Artikel-7-Verfahren gegen Polen, Diplomarbeit zur Erlangung des akademischen Grades Magister der Rechtswissenschaften im Diplomstudium Rechtswissenschaften 2020, S. 30 ff. https://epub.jku.at/obvulihs/download/pdf/5758816?originalFilename=true

8 Nach dem Wahlsieg der Opposition 2023 kehrte Prawda als Staatssekretär ins Außenministerium zurück, obwohl er da schon das Rentenalter erreicht hatte.

9 Kompromat (von kompromitieren) ist eine eigentlich russische Bezeichnung für Beweismaterial, mit dem Politiker sich gegenseitig oder missliebige Unternehmer erpressen können.

10 Dies gilt nicht für Transferleistungen im Rahmen der Gemeinsamen Agrarpolitik.

11 Die Strafen gehen auf zwei Verfahren zurück, eines, das die tschechische Regierung gegen Polen wegen Umweltschäden der Grube Turów angestrengt hatte und bei dem der EUGH Polen ein Zwangsgeld von täglich 500.000 Euro für den Weiterbetrieb der Grube auferlegt hatte, und ein von der EU-Kommission wegen der Justizreform (der Einführung einer nicht unabhängigen, weil vom Landesjustizrat ernannten

Disziplinarkammer für Richter am Obersten Gerichtshof) angestrengtes Verfahren, in dessen Rahmen ein Zwangsgeld von einer Million Euro pro Tag fällig wurde. Die polnische Regierung weigerte sich zu zahlen, worauf die EU-Kommission die Beträge von laufenden Überweisungen abzog. In beiden Fällen beruhten die Zwangsgelder auf einstweiligen Verfügungen. Zu Turów einigten sich Polen und Tschechien schließlich auf einen Kompromiss.

12 Nach einem internen Bericht des Grenzschutzes, den die *Gazeta Wyborcza* im Januar 2024 als Faksimile veröffentlichte, schätzte dieser die Effektivität der Grenzsicherungsmaßnahmen auf ca. 60 Prozent. Diese Zahl dürfte zumindest leicht übertrieben sein, da der Grenzschutz bei Push-backs nur die Zahl der versuchten Grenzübertritte, nicht aber die Zahl der Migranten erhebt, von denen viele mehrfach versuchen, nach Polen zu kommen. Vergleicht man diese Zahlen mit denen der Bundespolizei, die Personen erhebt, ergibt sich ein höherer Anteil von Migranten, die sich bis in die Bundesrepublik durchschlagen – und eine geringere Effektivität der polnischen Maßnahmen.

13 Im Detail ging es um die Kriminalisierung von Abtreibungen, die vorgenommen wurden, wenn der Fötus unheilbar behindert oder nicht lebensfähig war. In solchen Fällen musste nach dem Verfassungsgerichtsurteil die Schwangerschaft ausgetragen werden. Abtreibungen nach Vergewaltigungen und wenn die Schwangerschaft eine Gefahr für Leib und Leben der Mutter darstellte, bleiben auch danach legal.

14 SLAPP-Klagen sind Klagen, die ohne größere Erfolgsaussichten von Konzernen, Behörden und reichen Privatpersonen vorgebracht werden, um der Gegenseite Kosten zu verursachen, sie einzuschüchtern und so Kritik zum Schweigen zu bringen. Dagegen gibt es in den USA Regelungen, die solche Klagemöglichkeiten einschränken, in der EU ist eine entsprechende Verordnung in Arbeit. In Polen existiert keine Anti-SLAPP-Gesetzgebung.

15 Die Daten des World Value Survey sind online abrufbar und mit Hilfe eines sehr einfachen und intuitiven Analysemoduls auch für Laien gut analysierbar: https://www.worldvaluessurvey.org/WVSOnline.jsp

16 Tatsächlich war der Vater Adjutant im Hitlerbunker, aber nicht Hitlers Adjutant gewesen. Sein Sohn, den die Sache so mitnahm, dass er danach ein ins Polnische übersetztes Buch über seine und seiner Familie

Vergangenheit veröffentlichte, legte auch Wert auf die Feststellung, er sei kein NSDAP-Mitglied gewesen. Im Propagandakrieg der PiS gingen solche Nuancen natürlich vollkommen unter und das Einzige, was davon die PiS-Stammwählerschaft erreichte, war die Behauptung, „die Deutschen" versuchten, den Sohn eines ganz schlimmen Nazis zum Botschafter zu machen, und Czaputowicz habe das zugelassen. Das Buch, ein langes Interview mit einem deutschfreundlichen Warschauer Journalisten, erschien unter dem (hier rückübersetzten) vielsagenden Titel „Wir bauen kein Viertes Reich" in einem polnischen Militaria-Verlag. Obwohl es nichts Neues enthält, behauptet der Titel, es „enthülle die Pläne Berlins". Kurz zuvor hatte Jarosław Kaczyński bei einem PiS-Konvent behauptet, Deutschland baue an einem Vierten Reich.

17 IPN steht für *Instytut Pamięci Narodowej*, Institut für nationale Erinnerung. Das ist ein mit einem enormen Budget ausgestattetes Zentrum, das die PiS zur Lokomotive ihrer Geschichtspolitik gemacht hat. Es verfügt über eine staatsanwaltliche Abteilung, die sich mit der strafrechtlichen Aufarbeitung von während und nach dem Zweiten Weltkrieg begangenen Massenverbrechen beschäftigt.

18 Der Begriff „Staatsbetrieb" ist in Polen nicht einfach ein staatliches Unternehmen, sondern eines mit einem Sonderstatus, das von einem Ministerium gegründet und geführt wird. Die meisten dieser Unternehmen wurden zwischen 1988 und 1992 in Aktiengesellschaften verwandelt, wobei der Staat manchmal eine Aktienmehrheit behielt oder die Aktien an private Investoren verkaufte. Damit hörten sie aber nach polnischem Recht auf, „Staatsbetriebe" zu sein. Die Referendumsfrage zielte darauf ab, die Wähler glauben zu machen, die Opposition werde nach einem Wahlsieg alle Betriebe mit staatlicher Beteiligung privatisieren.

19 Präsident Duda hatte die neue Regierung am 13. Dezember vereidigt, dem Jahrestag der Einführung des Kriegszustandes durch General Wojciech Jaruzelski 1981. Für ihre Gegner ist die Regierung Tusk deshalb die „Koalition des 13. Dezember".

Dieses Buch erscheint als Originaltext
in der Reihe *edition*.fotoTAPETA_*Flugschrift*

ISBN 978-3-949-262-39-5

Umschlaggestaltung: Gisela Kirschberg, Berlin
Satz und Gestaltung: Gisela Kirschberg, Berlin

Druck: Bookpress.eu, Olsztyn
Gesetzt aus der Mignon und der Frutiger

Klaus Bachmann

Jahrgang 1963, Journalist, Historiker und Politikwissenschaftler. Ab 1988 als Korrespondent u. a. von *taz, Stuttgarter Zeitung* und *FR* in Warschau, ab Mitte der 90er Jahre auch Autor der polnischen Zeitungen *Rzeczpospolita*, die *Polityka* und *Tygodnik Powszechny,* später Korrespondent in Brüssel. Bachmann ist Professor für politische Wissenschaften an der privaten polnischen *Uniwersytet SWPS* (Universität für Sozial- und Geisteswissenschaften).

QUO VADIS
POLSKO ?